KOWALSKI
EDITORE

LeonardoManera

con il contributo di Marco Del Conte

Solecuorefluoro

Prefazione di Flavio Oreglio

Prima edizione novembre 2003

Illustrazioni di
TIZIANO RIVERSO

www.kowalski.it

*A mio figlio**

* Ancora non ho figli, però mi piacerebbe. Intanto cerco una donna che condivida l'idea...

PREFAZIONE

Quando Leonardo mi ha chiesto di scrivere la prefazione del suo libro, gli ho detto: "Pensi di lucrare sulla mia figura?".

Lui mi ha risposto: "Inutile negarlo".

Ho riso per venti minuti, soprattutto quando mi ha esposto la sua strategia di marketing consistente nello scrivere in piccolo il suo nome e il titolo del libro e in grande "Prefazione di Flavio Oreglio" (ipotesi A) oppure nell'intitolare il suo libro "Il momento (non) è catartico" (ipotesi B).

Conosco Leonardo Manera da tanto tempo.

Queste poche, brevi righe che mi accingo a scrivere vogliono essere una prefazione a lui più che al suo libro.

Può sembrare strano fare una prefazione a un essere umano (ammesso che si possa chiamare umano uno come lui che può essere più giustamente definito "alieno"), ma così non è.

Leo "è" il suo libro, "è" le cose che fa, "è" la sua arte.

Non c'è separazione tra lui e ciò che racconta, non

c'è distacco tra la sua essenza e la profonda poesia del suo scrivere.

Uno dei miei divertimenti preferiti è aggredirlo. Mi piace attaccarlo per vedere come reagisce, perché quando è sotto pressione diventa magicamente umoristico.

La verità è che lui non può fare a meno di essere così. Leonardo è divertente per natura, è un naïf evoluto (cioè una contraddizione in termini).

Nessuno dei comici che conosco è così "sperimentatore" come lui.

Leo fa di tutto, alterna pensieri profondi a banalità strepitose, emette strani suoni gutturali che coprono una vasta gamma di frequenze, canta canzoncine, deforma il suo viso (che tra l'altro diventa più accettabile) e si sofferma spesso su qualche parola che evidentemente, non si sa perché, lo attira tantissimo.

Questa parola viene ripetuta molte volte generando negli astanti un misto di ilarità e inquietudine, ma la cosa sorprendente è notare come, in quei frangenti, il colore del suo viso passi con disinvoltura da un rosa naturale a un rosso deciso per orientarsi definitivamente su toni variegati paonazzo-violacei.

Questo succede perché lui, davanti all'imbarazzo che crea, se la ride. A volte non riesce più nemmeno a parlare.

Trovo tutto ciò straordinario, perché il motivo per cui ride risiede nel fatto che Leo si sorprende da solo. Sembra proprio che il primo a stupirsi e a divertirsi delle cose che fa sia proprio lui.

È come un bambino.

Posso dire senza timore di sbagliare che Leo è il risultato della combinazione dello stupore del bimbo e dell'amarezza dell'adulto disilluso.

La cosa sconcertante è che questo atteggiamento lui lo tiene sia sul palco che nella vita quotidiana; a tavola è capace di battere una forchetta sul collo di una bottiglia per un quarto d'ora o di puntarti un dito contro la spalla per venti minuti a intervalli regolari con l'obiettivo – onestamente, devo dire, dichiarato – di darti fastidio, rivolgersi con disinvoltura alle donne che incontra con l'intento – anche in questo caso esplicitato – di "limonare alla grande".

Potrei definirlo "il Gozzano del cabaret".

Leonardo ama le "piccole cose" e lo dimostra con questo libro, che raccoglie aneddoti di vita reale seguiti dal resoconto delle fantomatiche sedute di ipnosi cui si sarebbe sottoposto per superare le difficoltà della vita.

In realtà le sedute di ipnosi altro non sono che l'ennesimo pretesto per narrare altri aspetti della sua vita e della sua anima.

Nell'ultimo capitolo troviamo le celeberrime "battute da smascellarsi", autentico diario dei suoi deliri cerebrali.

Spero sinceramente che questo libro venga premiato.

Il successo del libro sancirebbe il trionfo del suo autore, un trionfo che non sarebbe nemmeno il solito, logico successo di riflesso (vince il libro, vince l'autore), sarebbe invece l'apoteosi di un'anima, l'apogeo di uno spirito, i due successi sarebbero inscindibili e intimamente connessi.

Ed è logico che sia così.

Perché Leonardo Manera è una persona vera.

Perché questo è un libro vero.

Perché Leo e il suo libro sono la stessa cosa.

Flavio Oreglio

La prima volta che sono salito su un palco,
a pochi mesi di vita.
Al centro: io
A sinistra: mia madre, Giuseppina
A destra: il mago, Zurlì
Dietro di me: non so

PROLOGO

Allora, il mio nome è Leonardo Manera. Per quelli che non mi conoscessero o mi avessero visto magari solo di sfuggita in televisione vorrei far capire chi sono, così poi uno magari decide se andare avanti a leggere oppure dedicarsi ad altro. Ho trentasei anni e faccio il comico da quando ne avevo venti, perciò ormai è un bel sedici anni che vado su e giù per palchi e pedane di tutta Italia a fare spettacoli in situazioni di ogni tipo, però è solo negli ultimi tempi, e soprattutto con *Zelig*, che le persone mi fermano per strada e mi offrono dei caffè, di solito senza pentirsi subito dopo. A volte capita che in un solo giorno me ne offrano anche sette o otto, che io accetto sempre, anche se con crescente nervosismo, pur essendo un tipo mite. Qualche volta sarei tentato di chiedere un succo di frutta o una birra, ma poi, pensando che la consumazione è offerta e che il succo o la birra costano di più, desisto e incamero caffeina. A *Zelig* mi sono ritrovato insieme a comici e autori che conosco da anni: con alcuni di loro ho anche rapporti di amicizia, provo stima e simpatia per tutti. Facciamo parte di un mondo bello e divertente, ma anche difficile, e le nostre sorti dipendono dal pubblico, che in fondo è il destinatario ultimo di quello che facciamo. In questo libro ho cercato di riportare alcune esperienze realmente accadute nel mio ambiente, sia pure filtrate dal tempo, oltre alle sedute di ipnosi che ho proposto assieme a Claudio Bisio a *Zelig* e, nella parte finale, alcune battute "da smascellarsi" con le quali allietare le vostre giornate. Mi auguro che le prossime pagine ci permettano di conoscerci meglio e che siano comunque divertenti, come è stato divertente per me scriverle. Spero anche che questo libro mi dia modo di conoscere un numero consistente di giovani donne carine e disponibili con cui intrattenere dei rapporti... non solo epistolari. Buona lettura.

P.S. Mi scuso con tutte le ADRIANA del mondo a cui il mio personaggio dovesse aver arrecato dei disagi. Alle prime dieci ADRIANA che telefoneranno alla casa editrice (chiedere del sig. Marco Bergamaschi) o mi contatteranno al sito www.leonardomanera.it verrà inviata, a titolo di risarcimento simbolico, una copia del libro o una confezione di tre tubetti di dentifricio al FLUORO.

Parte prima
LA GAVETTA

IL PRIMO SPETTACOLO

La mia attività di comico brillante comincia veramente la prima volta che mi hanno pagato, anche poco, così poi posso tornare a casa con orgoglio e a testa abbastanza alta. Tutto questo accade il 31 dicembre 1984 all'hotel Benaco di Salò, sul lago di Garda. Ho diciassette anni e ho messo in piedi un numero di magia comica che affianca giochi di prestigio condotti con discutibile abilità manuale a una presentazione parlata che pochissimi ascoltano (l'ultimo giorno dell'anno la gente quasi sempre eccede con gli alcolici, essendo poi contenta di vomitare il primo dell'anno, che tanto non c'è niente da fare).

Per me è un giorno importante, perciò mi sono vestito con pantalone grigio, camicia bianca, giacca blu a righe verdi e papillon rosso. Giorgio Armani passa di lì un momento, mi guarda, poi si sente male e va a casa, ma io sono contento lo stesso e mi sento più elegante di un novello sposo, anche se alcuni per strada mi scambiano per il marito di Moira Orfei.

Siccome il comico, inteso come maschio, quasi sem-

pre decide di fare lo spettacolo con l'unico scopo di ottenere rapporti sessuali completi, cerco di farmi accompagnare da una mia compagna di scuola che mi piace parecchio, sperando che lei subisca il fascino del palcoscenico e che dopo lo spettacolo si lasci andare fisicamente togliendosi anche il reggiseno, invece all'ultimo momento la fellona non si presenta, adducendo scuse risibili e palesemente false ("il mio cane non sta bene e devo stare a casa a fargli delle flebo", "mi sono chiusa dentro casa e mi sono cadute le chiavi nel water", "di colpo mi è venuto il vaiolo") e gettandomi in uno stato di amarissimo sconforto che nemmeno due o tre prosecchi doppi riescono a mitigare. Al suo posto mi accompagna l'amico Marco (uno dei miei due amici di sempre; l'altro, Michele, attualmente fa il dentista e quando vado da lui non mi fa pagare, perciò mi impegno a farmi venire delle carie). Marco è meno interessante di lei dal punto di vista fisico, ma più valido come sostegno psicologico, che poi uno ripiega sugli amici quando ogni prospettiva di sesso ormai è sfumata.

Comincio lo spettacolo con le mani e la voce che mi tremano. All'inizio la gente non capisce bene se sono davvero agitato o se è un pezzo comico, poi quando faccio il pezzo comico la gente non capisce bene se sono agitato o se è un pezzo drammatico; alcuni si chiedono da dove arrivo e cosa faccio; altri semplicemente si chiedono come mai il marito di Moira Orfei si trovi lì invece che al circo. Dopo un'ora il tasso alcolico è così alto che anche i lampadari sono brilli. Gli spettatori ridono molto, ma sempre fuori tempo. Alla fine divido i miei applausi con lo zampone, che in fondo lavora l'ultimo dell'anno da un bel po', perciò è anche una bella soddisfazione.

Raccolgo tutto il materiale aiutato anche dall'amico Marco, che comunque, se qualcuno gli fa delle domande, dice di non conoscermi bene e di essere lì per caso, poi bevo due prosecchi doppi e con coraggio vado a farmi pagare da Gigliola e Donato, i gestori dell'hotel, che mi danno settantamila lire e mi fanno i complimenti perché lo spettacolo è durato poco.

Poi, mentre ormai comincia ad albeggiare, torno a casa, mi infilo sotto le coperte e penso che in fondo non mi è andata così male. Sicuramente meglio che allo zampone.

QUANDO COMINCIO A FARE CABARET...

Arrivo a Milano nel 1989. Ho vent'anni, tutti i capelli, qualche esame dato a Giurisprudenza, e tanta, tanta voglia di fare cabaret. Mi trovo una casa che sembra quella di Renato Pozzetto nel *Ragazzo di campagna*: un monolocale con angolo cottura che ha un letto incassato dentro l'armadio, un tavolo in formica grigio nebbia, una poltrona in finta pelle piena di ferite e un angolo cottura dove uno che entra gli passa subito l'appetito, per cui rinunci a priori a cucinare e mangi solo cibi precotti di un gusto indefinibile e monocorde. Non ho neanche la televisione, o meglio ce l'ho, ma è come una radio, perché si sente solo l'audio, senza vedere nulla. Poi non c'è il telefono, perché in quegli anni per avere l'allacciamento bisognava telefonare più volte alla SIP (vecchio nome della TELECOM; prima ancora si chiamava STIPEL), fino a quando, due o tre mesi dopo, finalmente arrivavano a casa tua gli addetti, facendoti pesare molto la cosa e con arroganza. Non conosco nessuno nel palazzo, ma le pareti sono così sottili che posso godere della compagnia dei miei vicini di casa: hanno settant'anni portati senza guizzi e tutti i giorni litigano almeno due volte perché lei a pranzo e cena gli prepara pasta e fagioli, piatto che lui odia. Durante il litigio lui esce sul pianerottolo, sempre con un colbacco in testa, e fuma. Poi rientra e mangia la pasta e fagioli con stanchezza, mentre lei gode per la vittoria. Non l'ho mai visto senza colbacco, neanche d'estate. Forse lo indossava per nascondere la pasta e fagioli, che probabilmente gli usciva anche dalle orecchie. Dal balcone godo della vista di un altro palazzo grigio, che però a volte, se c'è la nebbia, riesco anche a non vedere. La situazione non è allegra perciò, nel complesso, mi sento finalmente pronto per fare cabaret.

Quando si comincia a fare spettacoli capita un po' di tutto, sarebbe quella che tutti chiamano "gavetta", anche se alcuni comici di una volta sostengono che non c'è più. Vorrei smentire questo luogo comune, dimostrando che invece la gavetta c'è sempre e per tutti, e raccontando alcuni episodi che hanno segnato indelebilmente la mia psiche già fragile.

L'episodio del Ricks Cabaret

Il Ricks Cabaret è il luogo dove faccio il mio primo spettacolo a Milano. È in via Fieno, in pieno centro. Vi si esibisce normalmente una compagnia di travestiti che presentano uno spettacolo di trasformismo, poi ogni sera c'è un ospite comico che fa una mezz'ora di

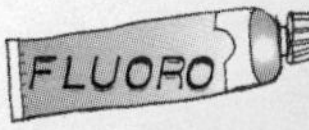

cabaret brillante, momento in cui tutti ridono con soddisfazione. Arrivo lì di pomeriggio per fare un provino davanti al padrone del locale, che deciderà se sono adatto o no a esibirmi di fronte a un pubblico pagante. Per dieci minuti parlo davanti alla sua faccia di pietra, poi lui mi dice di tornare di sera per fare un provino davanti a spettatori veri. Se la sera il pubblico ride lui mi farà tornare altre volte, magari anche pagandomi; se il pubblico invece fischia di gusto dovrò cambiare lavoro per sempre. Molto agitato, vago come un automa per tutto il resto del pomeriggio nel centro di Milano, andando anche a vedere il primo tempo di un film di Tinto Brass dove Francesca Dellera si spoglia più volte fingendo di recitare e con scarsa convinzione. Dopo aver mangiato un tramezzino in via Torino, torno al locale sereno come un bovino portato al macello. La serata comincia, lo spettacolo di trasformismo procede senza picchi, perciò posso sperare di non sfigurare. Per placare la mia evidente agitazione il proprietario mi offre da bere un filotto di superalcolici, inducendomi così a salire sul palco in stato confusionale. Vado avanti per un po' a dire cose che divertono solo me, mentre il pubblico resta perplesso e indifferente. Dopo qualche minuto riprendo possesso dei miei sensi e, analizzata la situazione con lucidità da naufrago, decido che è meglio scendere dal palco, mentre il pubblico mi fa i complimenti perché lo spettacolo è durato poco. Un travestito della compagnia prova a consolarmi tentando più volte di baciarmi con la lingua, mentre il suo agente mi propone una tournée poggiandomi una mano sulla coscia.

Ringrazio per il calore umano, ma decido che non è il momento di cedere a nuove prospettive erotico-lavorative. Il proprietario del locale viene da me con la sua faccia di pietra e mi dice di tornare quando avrò fatto un po' di esperienza: almeno due o tre anni. Il locale è in centro, ed essendo arrivato nel pomeriggio con i mezzi pubblici, devo tornare a casa a piedi, perché a quell'ora tram e autobus non passano più e prendere il taxi mi impedirebbe di pranzare il giorno dopo. Sono quasi quattro chilometri che faccio a piedi, di notte. Però almeno quando arrivo a casa dormo. Non del tutto serenamente.

L'episodio di Marvin Hagler

Marvin Hagler, soprannominato "the marvellous", è stato negli anni ottanta un campione mondiale di pugilato, categoria pesi medi. Vinceva tutti gli incontri per ko. Poi, a fine carriera, ha provato a fare l'attore, un po' come Alberto Tomba, che però aveva provato anche a fare il pugile, mentre era ancora uno sciatore.

Una sera mi trovo a fare lo spettacolo in un locale della periferia milanese, l'Osteria Comune Antico, frequentato da una clientela eterogenea e pericolosa. Come al solito mi do da fare per ottenere risate matte da parte del pubblico, ma noto subito che a un tavolo in fondo c'è un uomo di colore che intrattiene due fanciulle ad alta voce, anche toccandole più volte. Indispettito dal vociare persistente e dal vedere un uomo che tocca pesantemente due donne consenzienti, autentico miraggio per uno come me che da mesi non riesce a cimentarsi in pratiche manipolatorie sotto la gonna di nessuna, intimo alle due ragazze e all'uomo (ormai ai confini dell'erezione) di uscire dal locale, visto che la mia performance non sembra di loro gradimento, mentre la loro mi sta eccitando parecchio, togliendomi la concentrazione necessaria per lo spettacolo. L'uomo mi fissa senza sbattere le palpebre, con uno sguardo che mi surgela il cuore, poi, mentre il locale è bloccato in un istante che dura un'eternità, si alza in piedi. Sembra una scena di *Mezzogiorno di fuoco*. Il pubblico ammutolisce. Ottengo in un attimo più silenzio che in tutto il resto dello spettacolo. All'improvviso lo riconosco: è Marvin "the marvellous", il famigerato campione mondiale dei pesi medi, e io l'ho appena minacciato! Do un'occhiata ai miei bicipiti flaccidi, atrofizzati da anni, che faticano anche ad alzare la tazza del latte a colazione, quindi con realismo comincio a pregare, scoprendomi credente. Ancheggiando, si alzano anche le due fanciulle, sulle cui mani compare come per magia il cartello delle riprese (ma forse è una mia visione dovuta al terrore), mentre Marvin avanza minacciosamente verso di me, poi, a pochi centimetri dal mio viso, si blocca... temo già che un devastante diretto o un uppercut stia per schiantarsi sul mio viso delicato e inadatto al mondo della boxe, invece lui, in inglese e con disprezzo internazionale, mi rivolge una frase che per amor proprio preferisco non tradurre, poi se ne va cingendo la vita delle sue accompagnatrici, che a loro volta mi guardano con sdegno, umiliandomi e negandomi a priori qualsiasi possibilità di rapporto sessuale, anche tenendo la mutanda. Resto lì, così, mentre il pubblico celebra questo drammatico momento bevendo a canna superalcolici, vado avanti ancora per qualche minuto a fare lo spettacolo, poi preferisco gettare la spugna. Però, senza passare dal pronto soccorso.

Bloccati sulla Cisa

Tra la fine degli anni ottanta e i primi anni novanta, oltre al resto, lavoravo anche per un'agenzia che organizzava serate a tema in discoteca: bisognava arrivare sul posto nel primo pomeriggio, guidando un furgone agonizzante, carico di tutto il materiale necessario per l'allestimento, poi si andava a mangiare un panino (così, senza imbottitura: un panino), si faceva la serata, si smontava tutto e si ripartiva. Verso le quattro di notte si arrivava finalmente a casa, stanchi ma insoddisfatti.

Capita che una sera c'è da fare uno spettacolo a Capannori, vicino Lucca. Siamo in sei: io conduco la serata, poi tre pseudo-modelle, un animatore e un nano che ha il compito di inseguire le ragazze nei bagni della discoteca, per creare un momento che secondo l'organizzatore (grande bevitore di amari) è divertente. Il nano sta all'ingresso, e, quando vede una ragazza che va in bagno, la insegue finché lei si barrica dentro e tutti ridono. Parecchio. Facciamo la serata soprattutto

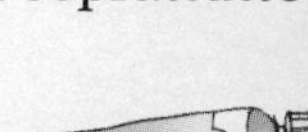

nei bagni, poi ripartiamo col furgone agonizzante alla volta di Milano, ma proprio all'altezza del passo della Cisa buchiamo una gomma, che era già liscia come la pelle di un bambino. Niente di grave. Purtroppo anche la gomma di scorta è bucata, visto che il titolare dell'agenzia preferisce investire il proprio denaro in donne a pagamento piuttosto che in riparazioni. È febbraio, non ci sono ancora (o noi non abbiamo ancora) i telefonini. Nei dintorni non vediamo colonnine SOS dell'autostrada, ma solo un immediato futuro molto preoccupante. Alcuni di noi si pentono della propria vita e prendono in considerazione, una volta salvi, l'ipotesi di dedicarsi subito a lavori più tranquilli: quello che va per la maggiore è l'idraulico, vista l'esperienza nel settore dei bagni. Dopo una rapida consultazione io e il nano decidiamo di tentare la sorte, avventurandoci di notte e mano nella mano alla ricerca di un autogrill, che dista probabilmente alcuni chilometri. Cominciamo così a camminare, lasciando i nostri compagni al furgone. Sorretti dall'amarezza, entriamo a piedi in galleria, mentre macchine e TIR ci sfrecciano accanto urlando, chiedendosi perché due uomini di diversa altezza, ma forse di comune sentire, si trovino a camminare di notte in una galleria della Cisa tenendosi per mano. Ci sentiamo soli e abbandonati, abbiamo paura di essere travolti; parliamo del più e del meno, avventurandoci poco alla volta in insulti sempre più pesanti nei confronti del titolare dell'agenzia, mentre quella galleria senza fine per noi diventa una metafora di tutte le sofferenze umane (questa cosa l'ho messa così, perché mi sembrava bella). Finalmente arriviamo in un autogrill che ci sembra il PARADISO: vediamo generi di conforto, bibite calde, panini che arrivano a sembrarci buoni, poi uomini e donne che il nano, forse per deformazione professionale, subito insegue nei bagni, ma viene fatto fuggire dalla custode armata di spazzolone. Telefoniamo all'ACI e vediamo materializzarsi l'uomo della Provvidenza: alto, lunghi capelli biondi, occhi azzurri, vagamente somigliante al Salvatore (almeno per noi), che ci riporta all'Agonizzante e traina tutti fino a Berceto dove ci dà una gomma nuova. Ci sembra Natale. Alle dieci di mattina siamo di nuovo a Milano, e andiamo a dormire. Io sogno una donna, magari anche solo da rincorrere nei bagni.

L'episodio della cravatta tagliata

C'è stato un periodo, soprattutto nei primi tempi della mia carriera, in cui, oltre a fare pezzi di cabaret, mi prodigavo anche in numeri di magia comica, con lo scopo di chiamare donne sul palco e provare poi, nel dopospettacolo, ad avere rapporti con loro, anche insoddisfacenti e/o tenendo la mutanda.

Un giorno vedo in televisione il mago Alexander che prende la cravatta di uno spettatore, la taglia, poi la cravatta torna intera, tutti applaudono e dicono "bravo-bravo". Così provo a improvvisare il trucco utilizzando le mie scarse nozioni in materia, e vedo che più o

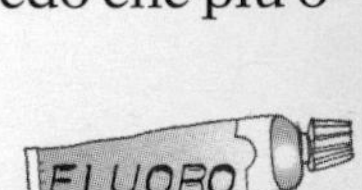

meno il gioco riesce, allora la sera stessa, visto che devo andare a fare uno spettacolo in un locale sul Lago Maggiore, decido di inserire il numero in repertorio. Il locale è uno di quelli dove la gente va soprattutto per bere birra pesante, anche triplo o quadruplo malto, divertendosi poi fra un rutto e l'altro a deridere il comico anche con cattiveria. Arriva il momento del gioco di prestigio e con incoscienza da neofita decido di proporlo. Noto fra il pubblico un ragazzo mite che indossa una cravatta multicolore, me la faccio prestare, la taglio e poi la cravatta torna intera, solo un piccolo pezzo rimane danneggiato, però è sul dietro e nessuno lo vede; tutti si divertono, applaudono e dicono "bravo-bravo". Tutti tranne il ragazzo mite, che se la prende a dismisura per il taglio del pezzetto e medita vendetta. Al momento di pagarmi, il proprietario del locale (un ragazzo con l'hobby della boxe senza regole, che di solito alterna due bestemmie a una parolaccia pesante) mi propone di uscire all'aperto con un fare che non ammette repliche. Scopro così che il ragazzo "mite" è suo cugino, e che si è lamentato molto perché a suo dire la cravatta era firmata, anche se a me pareva un modello da saldi di fine buon gusto. Mostrandomi i bicipiti e sudando come un'ascella, nonostante la stagione invernale, il mio presunto datore di lavoro minaccia di gonfiarmi di botte se non me ne vado immediatamente e senza chiedere una lira. Io, scoprendomi i bicipiti, ma con consapevolezza, mi offro di risarcire il cugino con un papillon rosso a pallini che ho in valigia, essendo momentaneamente sprovvisto di cravatte, se non del pezzo danneggiato... Il mio aguzzino assume nel giro di pochi secondi tonalità di colore che vanno dal grigio scuro al rosso granata, ribadendo l'intenzione di GONFIARMI e convincendomi a salire in macchina rapidamente, ma con nonchalance, e ad abbandonare il locale senza pretendere il mio cachet. Preferisco portare a casa dei lineamenti intatti piuttosto che un'effimera somma di denaro, sicuramente insufficiente all'intervento di chirurgia plastica.

Per tanto tempo ho desiderato tornare davanti a quel locale per tirare un sasso nella vetrina, poi un giorno sono andato e il locale non c'era più. Avevano aperto un negozio. Di cravatte.

Torino-Piacenza di Coppa Italia

Una sera mi chiamano per fare uno spettacolo in un ristopub di Torino. Torino è una città piuttosto facile da girare, ma quando ci vado mi perdo sempre. Questo lo dico così, non c'entra con l'episodio, però se andate a Torino e tutti vi dicono che è facile da girare, sappiate che invece c'è anche chi si perde. Io sono uno di quelli. Fosse per me, ogni volta che vado a Torino preferirei fermarmi a Brandizzo, che è un po' prima. Lì c'è anche una donna che mi piace, solo che lei non ci sta; io ci ho provato più volte in modo pedante e irritante, ma senza arrivare neanche al reggiseno. Vabbè.

Così mi chiamano a Torino per fare questa serata nel ristopub, dove hanno messo un impianto voce da ka-

raoke familiare: solo chi sta ai primi due tavoli può sentire qualcosa, se tiene le orecchie aperte in modo innaturale ed eccessivo. Gli altri clienti, per poter seguire lo spettacolo, devono almeno aver fatto una scuola a tempo pieno per imparare a leggere le labbra. Perciò si capisce fin dall'inizio che lo spettacolo sarà complicato, anche perché nel locale c'è gente che sembra non aver mai smesso di bere da quando è nata, qualcuno probabilmente appena nato invece di attaccarlo al seno l'hanno attaccato alla spina della birra. Per tutta la prima parte dello spettacolo alterno in me sensazioni di mestizia al desiderio di dedicarmi ad altri lavori (intagliatore di mobili, barcaiolo, esperto di luppolo, salatore di capperi a Lampedusa), poi, a un certo punto, nel locale entrano una cinquantina di ultras del Piacenza. Quella sera c'era stato un Torino-Piacenza di Coppa Italia, e i piacentini avevano perso anche malamente. Gli ultras, senza alcun motivo plausibile, cominciano a insultarmi pesantemente come se fossi l'arbitro Rodomonti, rivolgendomi cori da stadio con riferimenti a ipotetiche mie corna, peraltro possibili. Il mio piccolo impianto di karaoke si arrende all'evidenza di non poter competere in alcun modo con quell'orda curvaiola e dopo un ultimo fischio asmatico cessa del tutto di funzionare. Il proprietario del locale è felice della presenza di nuovi e rumorosi avventori a cui servire alcolici di ogni tipo, anche distillati sul posto. Capisco che è arrivato il momento di abbandonare il locale per "impraticabilità del campo", mentre il gestore del ristopub, ormai completamente disinteressato al sottoscritto, offre a tutti ad alta voce delle pennette all'arrabbiata triplo malto, e decide all'istante di rinunciare alle serate di cabaret, e di installare nel suo locale un maxischermo per seguire le partite di Coppa Italia, e anche tutte le altre. Perciò io torno a casa e penso che se mi va male col cabaret, potrei provare a fare l'allenatore, così poi magari mi assumono. Con un contratto di "formazione" (BATTUTA!).

Montagna amara

Un bel giorno di dicembre decido che mi piacerebbe andare per un po' a lavorare in montagna, perciò mi metto a telefonare a vari hotel e chiedo se per Natale c'è qualcuno che ha bisogno di spettacoli dove la gente si faccia delle risate matte e poi torni a casa soddisfatta anche se non scia.

Ne trovo uno in Val di Fiemme, Dolomiti. Il proprietario prima mi fa andare a fare un provino, poi, dopo essersi assicurato che eventualmente posso dare una mano anche in cucina, mi conferma un periodo di quindici giorni, magari anche pagandomi, proprio a Natale. E io sono contento come una Pasqua. Capisco subito, appena arrivato, che non c'è niente da stare allegri, neanche sforzandosi: dormirò in una mansardina minuscola e senza riscaldamento, alloggio che devo peraltro dividere col sottocuoco, il quale di regola rientra in stanza a notte fonda, accendendo sigarette e bestemmiando con soddisfazione anche se è Natale. Il primo giorno comincio a non stare bene, dopo due giorni sento che una

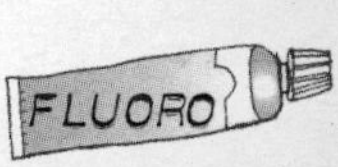

bronchite pesante e senza scrupoli si sta impossessando di me, al terzo giorno la febbre alberga in ogni anfratto del mio corpo, facendomi delirare e vedere un mondo popolato da sottocuochi. Chiedo al proprietario dell'hotel di poter rinviare lo spettacolo per indisposizione fisica e psicologica, ma lui, dopo aver provato a sostituirmi col sottocuoco con risultati non del tutto soddisfacenti, mi impone di esibirmi, gettandomi in uno stato di febbricitante sconforto dal quale non vedo vie d'uscita. Decido con coraggio da Tachipirina che è arrivato il momento di tentare la fuga, ed esamino vari mezzi di trasporto: skilift, cabinovia, skibus, racchette da neve, aquila. Poi, con coraggio, scelgo il mezzo più rischioso: la mia macchina, una 127 modello "Rustica" che in quel momento però sento di amare come una donna che ci sta senza essersi prima fatta offrire la cena in un ristorante di lusso. Carico le mie valige e me stesso, poi, con fare sornione e scaltro, approfittando dell'assenza del sottocuoco, che ormai è diventato una sorta di carceriere, mi allontano rapidamente dalla valle. Poco alla volta però la febbre rientra nel mio corpo facendomi più volte sbagliare strada e direzione. Mi ritrovo sulle pendici del Monte Baldo, poi vicino a Modena, infine mi pare di notare un'indicazione per Copenaghen, ma non so se è per via della febbre. Finalmente, dopo sette ore di viaggio, riesco a raggiungere la casa dei miei genitori. Qui crollo e mi infilo nel letto, in un posto riscaldato: una camera normale, non un sottotetto e... senza sottocuochi!

IL FAVOLOSO MONDO DEGLI AGENTI DI SPETTACOLO

Il mondo del cabaret è costellato e frequentato da una serie di personaggi pittoreschi, i più interessanti dei quali sono sicuramente gli agenti di spettacolo. Ce ne sono di tutti i tipi e in vent'anni ne ho incontrati a centinaia. Le caratteristiche principali di questi soggetti sono l'interesse per la percentuale (la più alta possibile), l'interesse per la femmina (la più "socievole" possibile) e il disinteresse per il comico (soprattutto durante lo svolgimento dello spettacolo). Capita infatti quasi sempre che durante l'esibizione dell'artista l'agente si occupi di tutto, fuorché di quello che accade sul palco, essendo di solito più impegnato a:

– corteggiare in modo subdolo la barista del locale, millantando conoscenze prestigiose e promettendo una rapida carriera nel mondo dello spettacolo (velina, letterina, valletta di Mike Bongiorno alla *Ruota della fortuna*, assistente di Pierferdinando Casini alla Camera dei deputati);

– incamerare nel proprio stomaco qualsiasi genere commestibile presente nel raggio di centoventi-cento-

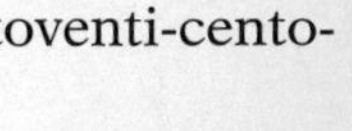

cinquanta metri, accompagnandolo con alcolici pesanti;

– raccontare di aver fatto una tournée coi Ricchi e Poveri.

Per chi avesse intenzione di intraprendere una rapida e dolorosa carriera nel mondo dello spettacolo, intendo rendermi utile proponendo di seguito alcuni brevi ritratti di operatori del settore, senz'altro da frequentare.

R.F. Quarant'anni anni circa, ama promettere spettacoli importanti nelle migliori birrerie del Centro-Nord. Può vantare debiti con molti comici anche di primo piano; è ben introdotto nel settore della lap dance.

R.S. Coetaneo di R.F., vende spettacoli a grosse cifre, ma chiede sostanziosi sconti ai comici. Lavora solo in nero, anche se nel '94 ha acquistato un blocchetto di fatture da cui ha ricavato dei sottobicchieri. Ama insidiare le donne dei comici mentre questi si esibiscono sul palco; non si ferma davanti a nulla, ci prova anche con ragazze per le quali sarebbe vecchio perfino come padre.

F.A. Cinquantenne, più che un agente preferisce definirsi un "consulente", perciò molti comici lo scambiano per un promotore finanziario, e quando li chiama riattaccano. Ama recarsi sul luogo dello spettacolo con la macchina del comico, contribuendo simbolicamente e in misura minima alla benzina, ma facendosi offrire in autogrill svariati panini, anche da portare a casa. Specializzato nel proporre spettacoli in bar e locali poco frequentati, ha fatto una tournée coi Ricchi e Poveri. Nel febbraio 1971.

C.A. Una delle rare donne fra gli agenti di spettacolo, quarant'anni circa, è soprannominata "la regina delle steak house". Ama proporre spettacoli di cabaret in luoghi inadatti e rumorosi, con l'unico, sadico scopo di analizzare il comportamento del comico in situazioni limite. Ha l'hobby della vivisezione.

C.C. Quarantanove anni, ex comico, adesso si dedica stabilmente all'organizzazione di eventi, intrattenendo rapporti con pochi clienti

dai quali pretende cifre esorbitanti e spesso inaccessibili, che utilizza poi per acquistare automobili di grossa cilindrata che fa personalizzare imprimendo sulla targa la data dello spettacolo. Ama salire ancora sul palco, con risultati altalenanti e discutibili.

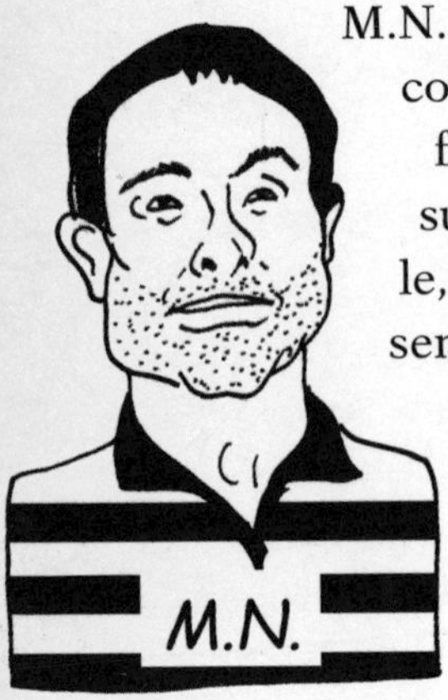

M.N. Quarant'anni, organizza spettacoli con il solo scopo di conoscere femmine e ottenere rapporti sessuali. Essendo di aspetto gradevole, spesso ottiene il risultato, a volte senza pagare. Ama proporre cabaret di alta qualità in situazioni infime, sfruttando poi la depressione postspettacolo del comico per ottenere grossi sconti.

C.M. Anche lui sulla quarantina, conosce personalmente quasi tutti i comici sulla piazza, intrattenendo con loro anche rapporti di amicizia, che sfrutta poi per imporgli spettacoli di beneficenza il cui ricavato viene spesso devoluto alla ristrutturazione della sua villa sul Lago Maggiore. Autentico amante del cabaret, ospita spesso i comici nella sua dépendance, approfittando poi della notte per derubarli.

C.R. Di età indefinita e indefinibile, organizza spettacoli in pub, birrerie e spazi di qualsiasi tipo, quasi sempre inadatti al cabaret, con risultati non sempre spiacevoli. Parallelamente coordina e tiene corsi di teatro che hanno il solo scopo di esercitare sulle allieve il fascino del pedagogo, ottenendo prestazioni sessuali gratuite. A volte ci riesce.

M.G. Soprannominato "Caimano". Le alte provvigioni che impone ai comici (35-40 per cento) e gli sconti del 45-50 per cento che chiede sul cachet inducono spesso gli artisti a rinunciare allo spettacolo e a inviare al Caimano, tramite vaglia postale, l'equivalente della cifra che avrebbero perso se avessero fatto lo spettacolo, evitando così la fatica del viaggio. Talvolta il comico cede alla richiesta del "Caimano", che lo tenta promettendo la presenza sul posto di modelle compiacenti, che poi regolarmente non si presentano adducendo scuse improbabili ("ho una cena con Calvin Klein", "devo fare la barba a Dolce e Gabbana", "devo prestare un salvaslip alla Schiffer"). Il Caimano, inserito nell'ambiente ormai da anni, utilizza perciò la leva ses-

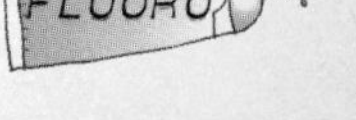

suale per convincere il comico a esibirsi gratis lamentandosi solo alla fine, in una sorta di deluso e improduttivo mea culpa.

A.C. Conosce tutti. Introdottissimo negli ambienti Mediaset, RAI, Odeon e Circuito Cinque Stelle. Può parlare per ore della sua amicizia con dirigenti di qualsiasi livello, suscitando lo stupore del comico che, sognando cene con questi personaggi e con femmine compiacenti, concede minuto dopo minuto sconti sempre più sostanziosi sul cachet, con il solo scopo di essere inserito in quel mondo luccicante, pentendosene poi quando ormai è troppo tardi e bisogna cominciare lo spettacolo, in posti magari anche abbastanza belli, ma dove di femmine compiacenti non c'è traccia.

Ricordo un episodio realmente accaduto una dozzina di anni fa.

Leggo su "Secondamano", giornale di annunci di tutti i tipi, di un'agenzia che cerca volti nuovi e nuovi comici. Vado. Il posto è a Milano, in via Cosseria, zona Navigli. L'agenzia è in un seminterrato, però c'è tutto: scrivanie, scaffali, libri, fotografie di donne ammiccanti e di attori famosi che ti seducono con uno sguardo ingannevole, di quelli che ti restano impressi per un po'. Le fotografie di donne ammiccanti servono molto, perché poi uno che va lì pensa che può avere dei rapporti completi con loro, anche facilmente e senza pagare prima delle cene. Il titolare mi promette subito una tournée per tutta l'estate in Italia e anche in Svizzera, a un cachet che poi a settembre potrò cambiare macchina. L'uomo mi dice anche di portare delle foto, altrimenti non può promuovermi e farmi pubblicità in giro, quindi si fa dare un anticipo di trecentomila lire in contanti (in pratica tutti i miei averi) per il suo interessamento iniziale e per le spese che servono per manifesti e brochure del mio spettacolo. Dopo che gli ho dato brevi manu tre banconote da cento lui mi congeda frettolosamente, adducendo inderogabili impegni di lavoro (una tournée coi Ricchi e Poveri) e dandomi appuntamento per la settimana successiva. Sette giorni dopo mi presento con le foto necessarie per la realizzazione dei miei manifesti (foto scattate da mio padre in taverna senza flash, che la pila era scarica). Io sono di nuovo lì, ma l'agenzia no! Tutto è sparito, le scrivanie, gli scaffali, i libri, le fotografie di donne ammiccanti e di attori famosi non ci sono più. Non c'è più neanche il titolare. Allora lascio lì per terra le fotografie e vado a fare un giro sui Navigli, pensando alla tournée, alla macchina e alle donne ammiccanti, ma solo sulle fotografie. Della settimana prima.

LE FESTE PER BAMBINI

Per arrotondare le entrate, di solito piuttosto scarse, il comico agli inizi di carriera si dedica anche alle feste per bambini in veste di animatore, comico, mago o pagliaccio. A volte ti chiamano le agenzie e ti chiedono direttamente se fai il pagliaccio. Se hanno un po' di rispetto te lo dicono così, come si deve dire, con la G e la L, se invece nutrono un disprezzo di fondo PAGLIACCIO te lo dicono senza la G: PALIACCIO, come se volessero umiliarti, sminuire un ruolo che già di per sé mette un po' tristezza (dico questo ammirando però chi fa il clown o, meglio, il PAGLIACCIO).

Così all'inizio di carriera anche a me capita di fare il PALIACCIO ai compleanni dei bambini: arrivo nel primo pomeriggio a casa del festeggiato, suono il campanello già vestito ad hoc (parrucca rossa, naso rosso, frac multicolore) e sento subito provenire dall'appartamento voci di bambini che urlano in modo preoccupante e animalesco pregustando divertimento matto, soprattutto a spese del sottoscritto. Prima di entrare ho sempre il desiderio di scappare e mi chiedo se ne vale la pena; poi, considerando che devo pagarmi luce, gas, telefono e ottimistici preservativi, decido di entrare, con uno stato d'animo che va dal nero scuro al blu notte senza luna. Varco la soglia. I bambini mi circondano continuando a gridare come una tribù di maori drogati, con una forza nelle corde vocali che in confronto Pavarotti è un dilettante. Comincio subito con alcuni giochi di animazione, poi passo ai giochi di prestigio: i bambini non solo scoprono il trucco, ma mi deridono ad alta voce, poi si impadroniscono della mia valigia, buttano per aria tutto il contenuto e lo calpestano, denigrandomi e urlando che sono un mago scadente. Provo a salvare la situazione regalando palloncini che ho imparato a modellare a forma di vari animali (cane, anatra, ornitorinco, biscia d'acqua, canguro, tonno normale e tonno in scatola). Finalmente i bimbi si calmano un po', ma la quiete dura pochissimo, perché dopo pochi minuti i figli del demonio ricominciano ad accerchiarmi come apache inferociti, pretendendo immediatamente palloncini per tutti. Vado avanti per decine di minuti a gonfiare come uno stantuffo anziano e spompato, finché un rossore agonizzante si impossessa del mio viso e le guance mi si gonfiano come quelle di Miles Davis, rallentando un po' le mie prestazioni. A questo punto i miei aguzzini piangono e si lamentano pretendendo l'intervento dei genitori, che li rimandano di nuovo da me dicendo: "Se vuoi il palloncino tira la giacca al PALIACCIO, che così il PALIACCIO te lo fa subito!". Ormai l'orda barbarica mi vede solo come un compressore umano, uno

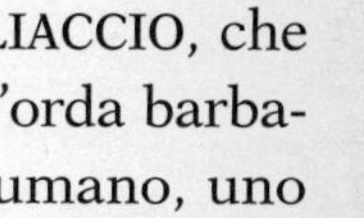

schiavo gonfiante al loro servizio. Poco alla volta la parrucca mi scivola dalla testa scoprendo capelli stanchi e sfibrati, il naso da clown diventa la parte meno rossa del mio corpo ormai paonazzo e il frac cade a terra, impregnato di sudore. Quando esco ho qualche soldo in più, ma sicuramente molti, molti, molti anni in meno da vivere, e le guance dolenti, mentre i bambini dall'alto delle loro finestre mi salutano lanciandomi pezzi di torta rancidi e sputandomi addosso con simpatia.

Finché un bel giorno decido di lasciar perdere con le feste private per bambini e di dedicarmi ad altro (suscitando così i commenti negativi degli organizzatori che dicono: "È inutile, è proprio un PALIACCIO!"), per non diventare come quel mio collega che, una volta vestito da clown, si metteva sotto ai guanti un congruo numero di pietruzze e, fingendo di accarezzare i pargoli, ne approfittava invece per distribuire copiosi e dolorosi colpi in testa. Poi, di fronte al pianto disperato dei bambini, li guardava e con fare impassibile chiedeva loro cosa fosse successo: era un PALIACCIO, ma dagli occhi di GHIACCIO.

TANTI MATRIMONI E UN FINTO CAMERIERE

Lavorando nell'ambiente dello spettacolo mi è capitato di fare anche il "finto cameriere", soprattutto in una delle situazioni più devastanti che possano capitare sia per gli invitati, sia per chi è lì a lavorare: i matrimoni.

I matrimoni sono belli perché trovi fauna umana di ogni tipo, con un solo denominatore comune: è sudata. Se dovessi indicare una caratteristica dei matrimoni, direi che è il sudore. La gente arriva vestita di tutto punto e anche profumata in varie zone del corpo, ma non passano neanche dieci minuti che tutti, aspettando la sposa, cominciano a sudare: gli uomini si slacciano le cravatte e rivolgono parolacce pesanti alle mogli anche altrui, sostenendo i pregi della convivenza *more uxorio*. Le donne invece allargano le scollature, promettendo rapporti completi in due o tre posizioni del *Kamasutra* a chiunque sia in grado di procurare dei ventilatori. Anche i vestiti sono belli da vedere, perché gli invitati ai matrimoni riescono a sfoggiare abiti di colori improbabili e imbarazzanti, dal viola al giallo

pesante per le donne, mentre gli uomini preferiscono il grigio metallizzato tipo branzino, che poi uno al ristorante si confonde. Lo sposo di solito arriva con un sorriso di circostanza e prima di entrare in chiesa ha già bevuto cinque o sei birre triplo malto, essendo molto dubbioso e spaventato come un cinghiale braccato. Poi, ma molto poi, arriva la sposa e tutti dicono: "Bella!", perché si dice sempre così, forse per confortare lo sposo che magari in quel momento ci crede, anche se con "beneficio d'inventario". Comincia la cerimonia: alcuni invitati piangono, altri si addormentano, altri ancora piangono e si addormentano contemporaneamente, che non si sa come fanno; gli anziani hanno gli occhi lucidi, perché gli dà fastidio l'incenso; tutti gli altri aspettano che gli sposi dicano "Sì", quindi si comincia a bere per tutto il pomeriggio senza soluzione di continuità, riducendosi come i pellerossa in certi film western. I novelli sposi escono dalla chiesa, tutti tirano il riso che si intrappola nei capelli per anni e anni, a volte fino al momento del divorzio; si fanno parecchie fotografie sorridenti sul sagrato e gli invitati maschi che da anni non hanno rapporti sessuali ne approfittano per posare entrambe le mani sui glutei della festeggiata, che tanto in quel momento non vuole rovinare l'atmosfera festaiola con una polemica da mano morta, perciò continua a sorridere. Poi si va tutti verso il ristorante, sbagliando più volte strada per colpa della piantina preparata ad hoc dagli sposi, che induce appositamente all'errore. C'è gente che conosco, invitata a un matrimonio nel '97, che seguendo le indicazioni della cartina sta ancora vagando per le campagne pavesi, sperando di arrivare in tempo per la torta, che tanto si sa: i pranzi di matrimonio sono lunghi. Finché si arriva al ristorante, e qui entra il scena il comico, che spesso, quando ancora non è conosciuto e identificabile, viene assoldato come finto cameriere, con una situazione che più o meno funziona così: gli sposi, pensando di fare una bella sorpresa a tutti gli invitati, ingaggiano un intrattenitore, vestito come un vero cameriere, che si prodiga in gustose gag all'insaputa di tutti, provocando inizialmente lo sconcerto generale, quindi irritazione profonda e/o grande ilarità. Personalmente, quando mi esibivo come finto cameriere, ero solito:

– circolare durante gli aperitivi con aria ebete offrendo agli invitati una sola patatina che tenevo avvolta in un tovagliolo come se fosse un bene preziosissimo;

– versare un calice di aperitivo agli invitati e poi berlo io, provocando così l'irritazione del vero destinatario;

– spazzolare abiti di uomini e donne, indugiando soprattutto sulle esponenti femminili più carine, per provocare la PROFONDA irritazione del marito e/o fidanzato;

– offrire un calice colmo di aperitivo a un ospite, restando poi fisso accanto a lui e insistendo in modo pedante e irritante perché lo finisca nel più breve tempo possibile;

– passare per i tavoli con una grossa tanica di olio, insistendo coi commensali per un'aggiunta di condimento;

– uscire dalle cucine con un sacco pieno di pane, lanciando direttamente le michette ai commensali;

– sparecchiare i tavoli in modo imbarazzante, dimostrando così la mia inadeguatezza al ruolo e causando le proteste degli invitati;

– misurare con un metro le persone in procinto di sedersi ai tavoli, per verificarne l'effettivo ingombro;

– rubare salatini dal piatto degli invitati;

– gridare: "Viva gli sposi!" più volte e ad alta voce direttamente nei timpani degli invitati.

Di solito, a un certo punto, gli invitati capivano che ero un finto cameriere e stavano allo scherzo, in alcune occasioni però la ragione non ha avuto la meglio e mi sono trovato coinvolto in situazioni spiacevoli:

– maggio '91: il padre della sposa non si rende conto che sono un finto cameriere e va dal direttore dell'hotel a chiedere il mio licenziamento immediato, vista la mia incapacità e inadeguatezza;

– settembre '91: un invitato si offende perché ho preso un salatino dal suo piatto e reagisce cercando di picchiarmi;

– aprile '92: durante il matrimonio di un noto calciatore, i parenti di lui non si rendono conto fino alla fine che sono un finto cameriere e, quando mi sono ormai cambiato e sono tornato in abiti civili, continuano a chiedermi dei biscottini e degli amari, lamentandosi poi del servizio e cercando di picchiarmi;

– maggio '92: un invitato si inacidisce perché sto spazzolando la sua fidanzata in modo pedante e irritante e, dopo avermi offeso pesantemente, anche aiutato dal tasso alcolico ormai giunto ai livelli di guardia, passa alle vie di fatto cercando di picchiarmi;

– giugno '94: un invitato permaloso di ampia stazza e taglia XXXXL mi minaccia perché lo sto misurando col metro da falegname e, sempre aiutato dal tasso alcolico che ha ormai superato quello di un'enoteca (e siamo solo agli aperitivi!), mi lancia pesanti insulti e cerca di picchiarmi.

Questi episodi sono capitati tutti a Torino, non perché sia una città dove è più difficile farsi capire, ma perché facevo il finto cameriere quasi esclusivamente per un'agenzia che lì ha sede. Partecipando a tanti matrimoni, sia pure in veste di finto cameriere, posso dire che raramente ho visto sposi felici e sorridenti, ma mi sono imbattuto soprattutto in tante tensioni, ho visto veri camerieri distrutti dalla fatica di pranzi interminabili, anziani che dicevano: "L'importante è che si vogliano bene" seguito da un: "Viva gli sposi!" poco convinto, abiti di colori incredibili abbelliti da aloni di sudore delle dimensioni della Polinesia, invitati che cantavano slacciandosi la cintura ed esibendo con orgoglio addomi debordanti, riporti al vento, alcol e sudore, tanto sudore. Poi, piano piano, uno alla volta, tutti se ne andavano e gli sposi restavano lì, da soli. Qualche volta felici, quasi sempre pensierosi.

L'ULTIMO DEGLI ANIMATORI

Fra le varie attività svolte nel rutilante mondo dello spettacolo non potevo farmi mancare quella di animatore nei villaggi turistici. Tre estati in Sardegna e due in Calabria, da giugno a settembre.

La cosa bella dei villaggi è che lì dentro le persone si trasformano e, anche se di regola sono miti e accondiscendenti, spesso in quel microcosmo diventano irascibili, soprattutto quando svolgono attività sportive. Tranquilli padri di famiglia, resi folli dal caldo, si lanciano come tigri all'inseguimento di palloni e caviglie altrui, sfogando così un'aggressività covata per mesi; altri farebbero qualsiasi cosa pur di poter vincere il torneo di tennis o di ping-pong o di briscola, mentre le loro mogli magari sono nel bungalow con qualche animatore, magari – ironia della sorte – uno degli istruttori sportivi.

Le attività nei villaggi turistici si svolgono più o meno così:

– Ore 8: risveglio muscolare. Di regola partecipano solo patiti del fitness o anziani che soffrono d'insonnia e dopo l'attività mattutina sono spesso vittime di infarti, anche gravi.

– Ore 10: cominciano le attività in spiaggia, lezioni di windsurf e vela, durante le quali le femmine partecipanti si innamorano senz'altro del maestro che mostra muscoli, agilità e scioltezza, evidenziando così la differenza rispetto al bipede maschio comune, che invece fatica più del dovuto a compiere le operazioni più elementari.

– Ore 11: una pausa che permette alle femmine di consumare fugaci rapporti completi con i maestri di windsurf e vela, di solito all'interno di qualche gabbiotto sulla spiaggia in cui vengono conservate varie attrezzature di primaria importanza (canoe, vele, preservativi).

– Ore 12: gioco aperitivo. Si tratta di giochini innocui in sé ma devastanti sotto il sole, che spesso procurano insolazioni e scompensi neuronali ai partecipanti, i quali tornati nel bungalow si denudano e cercano il petting avido con le proprie compagne, ma senza successo (è già passato il maestro di windsurf). Gli anziani sopravvissuti al risveglio muscolare gridano: "Viva il duce!".

– Ore 13: buffet. Si mangia pesante, per garantire il coma pomeridiano che si protrae per un paio d'ore, a meno che qualche patito non voglia partecipare al "gioco caffè", organizzato in modo assolutamente elementare per testare sui partecipanti gli effetti nocivi del sole.

– Ore 17: cominciano i tornei sportivi, durante i quali, come ho già detto, anche gli uomini più miti riescono a dare il peggio di sé, bestemmiando e insultando gli avversari. Il fine ultimo di queste gare è la lesione di svariati legamenti, la compromissione permanente di organi vitali o una bella gamba ingessata da mostrare con orgoglio al rientro a casa. La soddisfazione completa però si ottiene quando le gare comportano pesanti strascichi in tribunale, così poi uno si ricorda della vacanza tutto l'anno.

– Ore 21: la famigerata "baby dance". I bimbi, che già hanno dato sfogo alla loro devastante energia per tutto il giorno, ballano nell'anfiteatro del villaggio. A tale manifestazione partecipano di regola anche i padri, interessati in realtà a momenti di copula con l'animatrice dei bambini. Anche l'animatrice di norma è più interessata ai maschi adulti che ai piccini, perciò capita spesso che qualcuno di loro, trascurato dall'affidataria, si perda negli anfratti del villaggio, venga cresciuto come un novello Tarzan dalle guardie invernali fino all'estate successiva.

– Ore 22: inizia lo spettacolo, spesso di dubbiosissima qualità. Però il pubblico apprezza, perché ha conosciuto gli animatori durante il giorno ed è disposto a perdonare loro qualsiasi cosa. A volte agli spettacoli partecipa il pubblico stesso, che così è disposto a perdonare qualsiasi cosa a se stesso. Quelli che non partecipano quasi mai agli spettacoli sono i maestri di windsurf, che al momento si trovano impegnati in attività ludiche di altro tipo, di solito all'interno di qualche bungalow, con giovani ospiti del villaggio temporaneamente sprovviste del marito, magari impegnato sul palco. A volte le giovani fedifraghe sono le stesse della mattinata.

– Ore 23: è il momento della discoteca, che di solito si protrae fino a mezzanotte o all'una, quando uomini e donne si riversano sulla spiaggia alla ricerca di amplessi selvaggi, o anche solo petting tenendo la mutanda. Qualcuno fa il bagno notturno, altri si lasciano andare in modo imbarazzante con gli alcolici, i pensionati che soffrono d'insonnia vanno avanti e indietro fra gli ombrelloni con una pila in mano a illuminare le coppiette che si baciano. Verso le tre o le quattro sul villaggio cala una calma definitiva, a parte qualche orgasmo isolato... qualche strambata...

Io nei villaggi facevo l'animatore di contatto e organizzavo gli spettacoli, però cercavo di creare delle situazioni un po' diverse da quelle classiche. Una sera, in Calabria, inizio stagione ad atmosfera un po' cupa, organizzo la "Notte della depressione": invito i più amareggiati fra il pubblico a salire sul palco e a raccontare le loro storie più tristi, così, per esorcizzarle... A fine serata invece l'atmosfera si è davvero fatta pesante e gelida. Vengo immediatamente convocato dal direttore del villaggio che minaccia di licenziarmi, essendosi depresso pure lui. Perciò cambio genere e le sere successive organizzo il karaoke, le gare fra uomini e donne e le commedie musicali, diventando così un vero animatore. Purtroppo, però, non sono mai riuscito a diventare un maestro di windsurf.

I CONCORSI PER COMICI

A un certo punto della carriera il comico si chiede: “Come faccio a farmi conoscere nell’ambiente, così mi chiamano a fare delle cose che poi le donne vogliono avere dei rapporti completi con me anche gratis?”.

La risposta è abbastanza semplice: i concorsi di cabaret, strane situazioni dove puoi trovare un po’ di tutto, dall’agente che vive come l’humus del sottobosco e che organizza spettacoli di spogliarello con donne spiacevoli a quello che effettivamente può darti una mano. Se sei molto sfortunato il concorso si svolge così: un bel giorno l’uomo-humus ti chiama e dice: “Ciao, ho saputo che fai il comico e dici delle cose che magari non fanno schifo e che la gente non va via appena cominci, anche se all’uscita sputa tre volte per terra. Io organizzo un concorso, non ci sono soldi, però è una vetrina. Poi se qualcuno ti contatta devi dire che sei con me e mi dai la percentuale su tutto quello che fai da qui alla fine della tua vita, anche se poi cambi lavoro e diventi maniscalco”. Il comico accetta senza lamentarsi e senza condizioni, prostrandosi completamente, allettato dall'idea della vetrina. Di solito, in qualunque situazione dove non ci sono soldi, l'organizzatore ti dice che è una vetrina, e tu vai, sperando che lì ci siano capistruttura, dirigenti, uomini di potere della TV accompagnati da soubrette con lo spacco e facilmente disponibili, invece magari in giuria ci sono degli anziani che vanno avanti a Campari e quando cominci sono già ubriachi e ridono solo fra un comico e l'altro. Spesso c'è un presentatore con la giacca a quadretti, una cravatta rossa e un gran riporto che è orgoglioso di creare una situazione di gelo dicendo barzellette stucchevoli ed esibendo al proprio fianco una valletta infiacchita con la quale conta di fare del petting a fine serata, anche tenendo la mutanda. Di regola, nei concorsi i comici hanno a disposizione dai cinque ai sette minuti a testa, durante i quali devono cercare di non fare gli stessi pezzi che fanno gli altri e di dare il meglio di sé, accumulando così un'ansia da prestazione che spesso supera quella da rapporto sessuale, dove però se non altro quando hai finito sai che in teoria, almeno per quella sera, dovresti essere l'unico a essere giudicato, anche se non sempre è così.

Poi il concorso prosegue e verso la fine c'è qualche ospite che una volta era conosciuto e che durante le votazioni fa un pezzo di quelli che lo hanno reso abbastanza famoso, così i giurati possono discutere, litigare sul più e sul meno e bere dei gran Campari. Alla fine viene proclamato il vincitore, che perciò si assicura gli stanchi complimenti di tutti e una targa in plastica color oro. La serata finisce, si va tutti a mangiare in

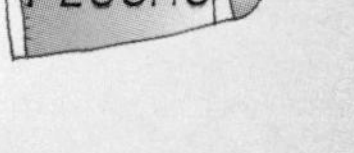

un ristopizza con le luci al neon convenzionato con l'organizzatore del concorso, che poi sul prezzo di ogni pietanza ha una percentuale dal ristoratore, bevande comprese. Se hai vinto ti senti felice con una punta di amarezza, perché sai che difficilmente quella vittoria ti sarà utile, se sei stato eliminato sei amareggiato con una punta di felicità, perché tanto sai che quella vittoria probabilmente non ti sarebbe servita a niente. L'unico contento è l'organizzatore, che invece a forza di organizzare concorsi si è magari anche fatto una villa nei posti più "in" dell'hinterland, dove però al posto dei muri ha fatto mettere esclusivamente grandi lastre di vetro, per ricordare a tutti i comici che passano qual è la sua attività.

P.S. Tutto questo vale per i concorsi organizzati un po' così, col gusto dell'inutilità. Alcuni, invece, li ho trovati belli e interessanti (Zanzara d'Oro, Festival Nazionale del Cabaret, Festival Città di Cremona, Festival Città di Cologno Monzese) e gestiti da persone serie che non mi devono soldi e che anzi me ne hanno anche fatti guadagnare. L'unica cosa che non ho mai trovato sono le soubrette con lo spacco e facilmente disponibili. Ma questa è un'altra storia...

LE DONNE DEI COMICI

Il comico di solito conosce quella che diventerà la sua fidanzata alla fine di uno spettacolo dove la gente ha riso parecchio, infatti se la serata è andata bene il comico si trattiene sul posto pavoneggiandosi e cercando subdolamente di approfittare della situazione per avere dei rapporti occasionali o anche solo per fare del petting, se invece è andata male si allontana rapidamente fra gli insulti del pubblico e le fidanzate altrui che si stringono ancora più forte al proprio compagno, decidendo immediatamente di sposarlo.

Alla fine di uno spettacolo ben riuscito il comico comincia a circolare in zona come un moscone, emettendo ormoni e lanciando occhiate alla ricerca di un qualsivoglia mammifero donna, fino a quando effettivamente qualche esponente del gentil sesso gli si avvicina, sistemandosi i capelli.

Quindi ha inizio una fase molto delicata, perché il comico non deve far trasparire in modo eccessivo il proprio desiderio di accoppiamento, ma solo mostrarsi interessato alle domande introspettive che la femmina gli pone:

– Come ti vengono in mente le cose che dici?
– Di che segno sei?
– Di che segno è tutto il tuo albero genealogico?

Se almeno due risposte su tre soddisfano la femmina i due si mettono insieme e lei diventa ufficialmente la "fidanzata del comico", ruolo spesso difficile e complicato, a volte insostenibile.

Nei primi tempi lei lo segue in tutti gli spettacoli, salvo cause di forza maggiore (colica renale, febbre alta con pustole in svariate zone del corpo, rosolia di almeno due parenti stretti), provando di volta in volta sempre meno interesse sia per lo spettacolo, sia per il comico stesso, più o meno seguendo una escalation di questo tipo:

– lei ride soddisfatta di gusto a ogni battuta, avvicinandosi al comico a fine spettacolo e manifestando al pubblico la propria intimità col protagonista della serata dandogli un bacio travolgente;

– lei ripete ogni battuta, ridendo ogni tanto, avvicinandosi al comico a fine spettacolo e manifestando al pubblico la propria intimità col protagonista della serata dandogli un bacio sulla guancia;

– lei ripete ogni battuta, avvicinandosi al comico a fine serata;

– lei ripete ogni battuta aggiungendo commenti negativi, seguiti di solito da momenti di crollo psicofisico, rimpianto, recriminazione e grande amarezza;

– lei dorme di gusto;

– lei si aggira fra il pubblico cercando gli esponenti

maschili più dotati e disturbando con premeditazione lo spettacolo.

A questo punto, di regola, il rapporto fra i due finisce e il comico è di nuovo libero di cercare una femmina con la quale consumare delle fugaci avventure nel dopospettacolo. Ne riporterò fedelmente qualcuna qui di seguito.

Avventura con donna 1 (vera)

31 dicembre 1988, spettacolo di animazione alla discoteca Altaluna, nei pressi di Brescia. Vestito da baro del Far West, devo intrattenere i clienti giocando per tutta la notte con delle *fiches* di cioccolata. Indosso un cappello da cowboy bianco, giacca, gilet e pantaloni a righe bianche e nere, stivali con speroni, cinturone con finta colt. Dopo trenta minuti sono un po' cupo, dopo un'ora la mestizia più totale si impossessa di me, dopo un paio d'ore mi pongo domande di ogni tipo sulla vita, mentre la cioccolata delle *fiches* ha ormai invaso ogni anfratto del mio corpo, producendo anche effetti devastanti sulla mia anima. Di fronte a me una ragazza mi fissa da tempo. Vado in bagno e, uscendo, me la ritrovo ancora di fronte. Non è proprio il tipo di donna che mi piace, anzi, mi intristisce proprio, ma l'idea di staccarmi per un po' da quelle *fiches* mi fa superare ogni inibizione e ogni indugio. Senza dire una parola la prendo per mano e ci avviamo verso il primo

divanetto disponibile, dove cominciamo a baciarci con stanchezza, mentre una lava di cioccolata continua a fuoriuscire dalle mie tasche, imbrattando definitivamente il mio costume da baro. Andiamo avanti così per circa mezz'ora, finché qualcuno nota che al tavolo del poker allestito in discoteca non c'è più il baro. Arriva il responsabile della serata e, minacciandomi più volte, anche con la mia finta colt, mi obbliga a tornare al lavoro, quindi sul divanetto si siede lui e comincia a darsi da fare con la mia compagna occasionale, la quale si rivela un fulgido esempio di fedeltà. Al divanetto.

Avventura con donna 2 (vera)

29 agosto 1992, sono in giro a fare serate in Calabria, il posto è una discoteca di Praia a Mare, e quella sera propongo un numero di magia comica: mi faccio dare un orologio d'oro da una spettatrice, poi lo chiudo in un sacchetto e fingo di romperlo. In realtà commetto un errore e, nell'imbarazzo più totale, lo rompo veramente, tentando più volte di giustificarmi con la proprietaria ricorrendo a scuse impraticabili. Pur essendo in agosto, in sala si crea un gelo natalizio. Di colpo ho una serie di visioni:

– il mio primo maestro di magia che mi ricorda che ci sono altri modi per fermare le lancette;

– i buttafuori della discoteca che, come in una scena di un film americano, mi sfasciano la macchina, poi mi spogliano nudo e, adempiendo alla loro mansione, mi buttano fuori dal locale, non prima di avermi spezzato i pollici, impedendomi così di andare a casa in autostop;

– mia madre che ripete continuamente che invece di andare in giro a fare il comico avrei dovuto continuare a studiare, così almeno non si doveva vergognare con le amiche;

– mio padre che mi disconosce come figlio e adotta uno struzzo a distanza, sicuro che gli darà più soddisfazioni di me.

Il proprietario della discoteca interviene personalmente per garantire alla proprietaria dell'orologio il risarcimento del danno, poi interviene personalmente con me giurando che me la farà pagare, quindi mi fa interrompere lo spettacolo avvisandomi con alcune perifrasi che se non lascio in fretta il locale mi farà interrompere alcune funzioni vitali tipo la masticazione ("ti rompo tutti i denti") e/o la vista ("ti faccio un occhio nero così poi ti fai chiamare il Mago Panda"). Mi rifugio in camerino con il morale in miniera, quando una donna entra, mi guarda e mi bacia più volte con la lingua. Poi di colpo se ne va, e io resto lì, a metà. Cerco di fermarla e la seguo, ma la trovo avvinghiata a quello che presumo essere il suo fidanzato, o forse semplicemente qualcuno che la settimana precedente aveva rotto un altro orologio. Ci sono donne che si eccitano così. A saperlo, andrei in giro ancora adesso a cercare orologi da massacrare. Però economici.

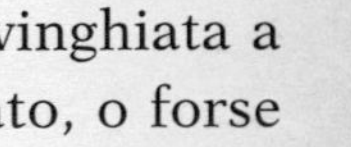

Avventura con donna 3
(vera, ma solo in parte)

12 dicembre 1992, faccio il mio spettacolo a Bassano del Grappa, in un locale che al piano di sopra ha un ristopizza, sotto una specie di nightclub frequentato da varietà umane di ogni tipo. Il proprietario prepara le pizze e intrattiene i clienti ai tavoli del ristorante, poi scende giù, presenta il comico e a fine spettacolo si avventura in giudizi critici senza possibilità d'appello, che il comico accetta senza condizioni pur di arrivare al momento del pagamento: duecentomila lire più una bibita a scelta. Quella sera lo spettacolo va bene, tutti si lanciano in complimenti sperticati e anche il sindaco di Bassano del Grappa vuole farmi cittadino onorario e omaggiarmi di un bilocale proprio sul ponte; in più, rientrando in camerino, davanti a me trovo Miss Grappa tutta nuda, vestita solo con delle scarpe col tacco alto, che ancheggiando molto mi dice con voce erotica e fare ammiccante che posso fare di lei quello che voglio, anche distillarla; poi propone un rapporto completo in tre posizioni del *Kamasutra* a mia scelta. Io scelgo a caso, lei giura che sono le sue preferite, poi dice che è molto soddisfatta, perciò mi dà pure dei soldi in contanti e mi offre una pizza a scelta, anche con bibita, e intanto mi fa tatuare sul petto una scritta in aramaico che significa "stallone". Torno a casa mentre lei ulula ancora di piacere e tutti intorno a me fanno la ola. Ecco.

LE AUTOMOBILI DEI COMICI

Il comico agli inizi di solito non ha una grande disponibilità economica, anzi... il più delle volte non ce l'ha proprio. Però deve andare in giro a fare le serate, perciò ha bisogno di una macchina. Qualsiasi. Il parco macchine dei comici è una delle cose più pittoresche che si possano trovare in giro, anche impegnandosi. Ce n'è di tutti i tipi: Fiat usate degli anni settanta, camioncini tedeschi abbandonati alla fine della guerra ancora dotati di mitragliatrice, Renault 5 da rally con dentro un sedile solo, tutte con alcune caratteristiche comuni: hanno intarsi di ruggine qua e là, faticano a mettersi in moto, d'estate non funziona bene l'aria fredda e d'inverno non parte quella calda e, per qualche strano motivo, prima o poi si blocca il finestrino, lato guidatore. Se il comico deve andare a fare una serata in Svizzera non lo fanno entrare, perché gli svizzeri si vergognano di avere una macchina così che circola sul loro suolo, piuttosto alla dogana ti pagano la serata e ti rimandano indietro. A volte il comico arriva a fare lo spettacolo già con la bronchite, per via del finestrino, poi quando si trova nel locale per ripren-

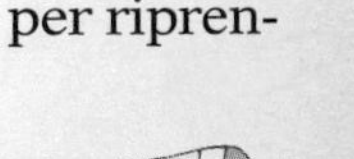

dersi si lascia andare con gli alcolici, allora tutti dicono che è un alcolista o un drogato.

Personalmente, fino a ora ho avuto cinque o sei macchine. La prima era una 127 modello "Rustica". Per far salire le donne lì sopra prima bisognava drogarle, anche con droghe pesanti. Poi una Talbot Solara tutta bianca, sulla quale non ho mai messo l'autoradio perché il rumore del motore avrebbe coperto le canzoni a qualsiasi volume, anche quelle dei Sex Pistols. Poi una Peugeot 309 diesel aspirato, che faceva da zero a cento in un fine settimana e da Cento a Ferrara (una ventina di chilometri) in due giorni. Quindi, per due mesi, una Golf usata (trecentoventicinquemila chilometri con garanzia di dodici ore) che non partiva mai. Il precedente proprietario l'aveva venduta per esaurimento nervoso. La migliore è stata una Peugeot 405 station wagon, che mi è durata un bel po', finché a un certo punto ha cominciato a imbarcare acqua nel serbatoio. Quando avevo sete mettevo una canna nel serbatoio e aspiravo, così risparmiavo sugli autogrill. Ora ho una Peugeot 306 station wagon color rosso fegato che sta cominciando a invecchiare: è piena di ammaccature che ho ritrovato in parcheggi vari, e svariati segni sul parabrezza. Anche lei sta cedendo. Quando devo uscire con una donna prima provo a lavare l'auto e a renderla presentabile. Sono dieci anni che non la lavo, tanto la donna dice che vuole uscire con l'uomo che ha il coupé o il cabriolet. Io una sera ho provato a tagliare il tetto della mia Peugeot col flessibile, ma poi ho lasciato perdere e sono andato a

letto a sfogliare un numero di “Gente Motori”: ho cominciato dal fondo per vedere se c’era qualche auto che mi potevo permettere. Appena ho visto i prezzi sono svenuto.

Se il comico diventa conosciuto al punto che la gente gli chiede l’autografo, poi vuole comprarsi la macchina da manager per andare in giro e farsi indicare col dito dalle donne bionde con i capelli lunghi che quando passi ti sorridono, solo che dopo un po’ il mezzo meccanico capisce chi c’è al volante, e una bella mattina ti svegli e scopri che la macchina da manager che avevi comprato si è trasformata: qua e là ci sono degli intarsi di ruggine, fatica a mettersi in moto, d’estate non parte l’aria fredda e d’inverno non funziona quella calda, finché un bel giorno si blocca il finestrino, lato guidatore. Allora ritrovi te stesso. Dal meccanico.

CAPODANNO

A Capodanno, o meglio, la notte dell'ultimo dell'anno, i comici lavorano. Lavorano sempre, perché si viene pagati il doppio: è una specie di tredicesima per chi fa questo tipo di lavoro, e la paga è doppia proprio perché si tratta di un giorno particolare, in cui tutti gli altri si divertono, sia che assistano tra risate matte allo spettacolo di un comico, sia che quella sera del comico non ci sia traccia. A volte la gente si diverte di più senza comico; lui queste cose le sa, e sa anche che la notte di Capodanno sarà una LUNGA notte, in cui può capitargli di avere più spettacoli anche molto distanti l'uno dall'altro.

Il Capodanno in cui ho fatto più spettacoli è stato quello del 1990 in cui ho raggiunto quota cinque; la serata ha avuto il seguente svolgimento:

– Il primo spettacolo in un ristobar di via Palmanova, a Milano, ore 21.00; pubblico ancora abbastanza sobrio, anche se già festante. Me la cavo e porto a casa la serata.

– Il secondo in un ristocabaret di Milano (il Derbino), ore 22.00; pubblico che divide la sua attenzione in egual misura fra lo zampone e il mio spettacolo, privilegiando leggermente lo zampone.

– Il terzo in un ristoclub nei pressi di Pavia, ore 23.30 fino alla mezzanotte, che festeggio con ritardo: sono emozionato e non riesco a stappare sul palco la bottiglia con la giusta precisione oraria, fra la derisione e i commenti ironici del pubblico ("Anno nuovo, comico nuovo!") che mi esorta ad abbandonare il locale.

– Il quarto in un ristodisco di Dalmine, nei pressi di Bergamo, ore 1.30; il pubblico ha già perso il senso di appartenenza al genere umano e in poche ore è tornato ai primordi dell'evoluzione della specie. Ore 1.40, un bipede in giacca e cravatta facente parte del pubblico sale sul palco e comincia a deambulare a quattro zampe. Lo prendo per la cravatta a mo' di guinzaglio e lo faccio scendere. Lui mi abbaia in segno di riconoscenza; di colpo partono dalla platea numerosi latrati che mi impediscono di proseguire lo spettacolo. Gli alcolici hanno già fatto effetto in modo pesante su gran parte degli spettatori, perciò salto in macchina e abbandono velocemente quel posto da cani. All'uscita il parcheggiatore mi augura buon anno. Ululando: "Tanti AUUUguri!".

– Il quinto in un ristopizza di Arcore, nella verde Brianza, ore 4.00, il pubblico è ormai completamente disinteressato allo spettacolo. Grida e urla senza soluzione di continuità, e appena salgo sul palco mi fa oggetto di un fitto lancio di tappi di spumante che raccoglie direttamente dal pavimento. Qualcuno non bada a spese e stappa una bottiglia in mio onore innaffiandomi come il vincitore di un Gran Premio.

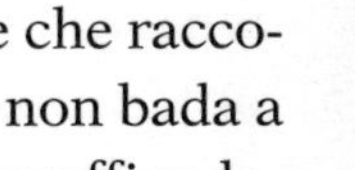

Ultimamente ho cercato di fare un solo spettacolo l'ultimo dell'anno, però ci sono tuttora comici a cui la situazione non pesa, e in quella notte, calcando diversi palchi, cercano legittimamente di guadagnare il più possibile. Nascono così le leggende più disparate e incredibili, che pure potrebbero nascondere un fondo di verità:

Capodanno '92: B.E. e C.A. riuscirono, in coppia, a fare in una notte settantaquattro spettacoli, guadagnando duecentoquaranta milioni e un bilocale con angolo cottura a Milano, zona Ripamonti.

Capodanno '97: M.F. riuscì a portare a termine quarantatré spettacoli, guadagnando centoventicinque milioni, sei gomitoli di lana, uno scolainsalata a centrifuga e tre buoni pizza (a scelta).

Capodanno 2000: C.C., nonostante qualche problema di voce, si esibì in centododici spettacoli più uno di beneficenza. Sopperì alle carenze vocali con alcuni numeri di mimo improvvisati, realizzando un guadagno tuttora non quantificato. Da quella notte ha smesso di lavorare e vive in un centro della Brianza che ha acquistato in contanti.

Così è. Il 31 dicembre per noi comici è sempre un giorno particolare, che ci mette un po' in ansia. L'importante è riuscire a stappare la bottiglia quando il conto alla rovescia arriva a zero, e poi lasciarsi andare. Tanto a divertirsi ci pensa già il pubblico. Anche da solo.

ESTATE

In estate il comico vaga avanti e indietro per l'Italia a fare serate e a portare risate matte al pubblico desideroso di divertirsi parecchio, così guadagna abbastanza e poi in autunno può corteggiare insistentemente delle donne offrendo anche pizze a scelta, senza l'obbligo della margherita. Vagando su e giù per lo stivale, mi sono fatto un'idea di quella che è la mia stagione preferita.

L'estate è vedere le persone che sulla spiaggia giocano per ore e ore coi racchettoni. Poco alla volta le loro mani subiscono una mutazione: il palmo assume la forma di un racchettone, le dita restano normali, ma il palmo diventa un racchettone; per loro andare in vacanza a Cuba, alle Seychelles o a Pinarella di Cervia non cambia: l'importante è poter giocare coi racchettoni tutto il giorno. Sono quelli che vanno in vacanza solo per sudare, per loro l'estate non è vacanza, è sudore. I più agguerriti fanno anche tornei e litigano, finché poi arriva

un arbitro che li fa stendere sulla sabbia e poi si rotola su di loro. Quello più impanato vince. Un racchettone. Sudato anche quello.

L'estate è vedere i bambini che corrono, gridano, urlano per tutto il giorno, poi di colpo crollano, si risvegliano e ricominciano a correre, a gridare, a urlare, e poi di colpo crollano di nuovo e cominciano a sognare: sognano di correre, gridare, urlare. Quasi tutti così. Poi ce n'è qualcuno più malinconico che sta lì sulla spiaggia, si fa riempire fino al collo di sabbia e di fango, rimane tutto il giorno in riva al mare e pensa. A volte si mummifica, diventa una statua di fango, i genitori fanno pagare un biglietto per poterlo vedere, poi a settembre lo rivendono a Gardaland e coi soldi presi si fanno una settimana di vacanza supplementare a Riccione.

L'estate è vedere le stanze degli alberghi dove anche in agosto si dorme col piumone, perché c'è l'aria condizionata al massimo: ogni volta che d'estate entri in una camera d'albergo fai un viaggio nel tempo e torni indietro di sei mesi, a dicembre, perché in quella stanza trovi la temperatura che c'è per strada a Natale. Infatti, oltre al docciashampo, alla cuffietta per capelli e alla spugnetta, gli hotel più "in" ti fanno trovare nel bagno anche un cappotto monouso, ma solo per l'estate, perché d'inverno in quelle stesse stanze c'è un caldo bestiale, col riscaldamento a manetta: c'è gente che va in vacanza a Cesena in novembre, così paga come per la bassa stagione e se ne sta in camera tutto il giorno, che sembra agosto dal caldo che fa. È un modo come un altro per risparmiare e farsi una vacanza.

L'estate è vedere le persone che in autogrill fanno la coda per mangiare un panino, e poi fanno la coda nei bagni per smaltire gli effetti di quei panini. Avendone studiato accuratamente il contenuto, mi sentirei anche di proporre alcuni nuovi nomi per quei tanto agognati oggetti del desiderio (almeno all'ora di pranzo):

MUFFOTTO:
prosciutto cotto rancido marrone scuro, insalata verdognola guarnita di formiche morte o in coma, tracce di pomodoro con crisi d'identità.

PLASTICO:
fetta di formaggio argilloso con sfumature di colore dal giallognolo al bluastro, melanzane in letargo, uova o altra sostanza con contorni bianco-gialli.

CINISELLO:
mozzarella di Cinisello
o altra cittadina
dell'hinterland milanese,
tonno qualità pinne verdi,
funghi spontanei.

È inoltre possibile ottenere un sensibile sconto alla cassa chiedendo il MENÙ MUFFOTTO, il MENÙ PLASTICO o il MENÙ CINISELLO, che oltre al panino prevede anche una bibita (sempre la stessa, ma colorata in modo diverso), un caffè Kolica (che ti tiene ben sveglio, più che altro per i dolori intestinali che provoca) e un digestivo Antonetto scaduto. Per coerenza.

L'estate è vedere i traghetti per le isole affollatissimi, ma in pessime condizioni; quando sali vai subito al bar e capisci che non c'è niente da stare allegri: è quasi peggio che in autogrill. Poi di notte devi dormire. Quelli ricchi lo fanno in cabina, ma si accorgono subito di aver buttato via i soldi, perché per riuscire a dormire in quelle cuccette prima devi esserti fatto almeno due tubi di barbiturici; quelli che vogliono risparmiare un po' prendono le poltrone reclinabili, di solito il passeggero davanti a te la reclina sul tuo ginocchio e per prima cosa, appena arrivato a destinazione, devi farti visitare da un fisioterapista esperto; quelli che vogliono risparmiare molto prendono il passaggio ponte, e scendono così sporchi che passano il resto della vacanza a farsi la doccia.

L'estate è vedere le donne che a pranzo mangiano uno yogurt e, se proprio vogliono esagerare, una pesca, mentre i loro mariti eccedono col buffet. Nei buffet dei villaggi turistici tutto è ricoperto di maionese, c'è maionese ovunque, sui primi, sui secondi, anche sui dolci. Poi, a parte, c'è una vaschetta con della maionese, e in quella vaschetta sopra la maionese c'è altra maionese. Un signore che aveva perso l'orologio in vacanza a Cesenatico l'ha ritrovato l'anno dopo nel buffet di un villaggio a Marina di Camerota ricoperto di maionese, solo che qualcuno gli aveva mangiato le lancette. C'è gente che va in vacanza nei villaggi turistici e diventa maionese-dipendente, poi torna a casa e si fa le pere coi tubetti di Calvé. La maionese copre tutto, è una specie di oblio del gusto, e sotto potrebbe esserci qualsiasi cosa. Anche un villaggio turistico.

L'estate è vedere i servizi dei telegiornali sul grande esodo e sul grande rientro che anno dopo anno non cambiano mai: c'è sempre coda fra Roncobilaccio e Barberino del Mugello, fra Modena nord e Modena sud, oltre che alle barriere di Milano sud, sul grande raccordo anulare e su tutta l'Autostrada dei Fiori... Poi c'è sempre vento forte fra San Vittore e Caianello. Della Salerno-Reggio Calabria è inutile dire, ormai è un classico. In realtà quell'autostrada non verrà mai sistemata definitivamente, anche perché si toglierebb-

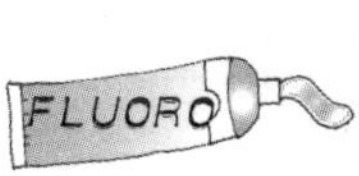

be agli italiani qualcosa a cui si erano affezionati, uno poi si abitua e in fondo gli dispiace se la coda non c'è più. Ma la cosa bella è vedere i servizi dei TG sempre uguali e immutabili negli anni: ti danno delle certezze. Nella vita ti può succedere di tutto, però sai che ad agosto troverai quei servizi sul traffico, che è una bella soddisfazione. Perciò, anche quando in quel periodo sono via, mi procuro un televisore e aspetto il collegamento con la società autostrade, vedo la gente in coda e ho le mie certezze. Minime, ma incrollabili.

L'estate è vedere le persone che fanno le vacanze alternative e vanno in vacanza in bicicletta in Nepal o a piedi nel Bosforo. L'importante, per una vera vacanza alternativa, è che sia pesante e che quando torni ti faccia star male per un mese. Più la vacanza è alternativa, più quando torni stai male, ma con soddisfazione. Le agenzie di viaggio specializzate hanno anche fatto dei cataloghi apposta, dove oltre alle informazioni sul viaggio mettono anche le patologie che accuserai al ritorno: più sono le patologie, più è alto il prezzo della vacanza, così poi quando torni stai ancora a casa perché ti metti in malattia, e quando riprendi a lavorare hai anche un argomento di conversazione per la pausa caffè, che fai bella figura con le colleghe.

Esempi di vacanza alternativa con patologie successive:

Honduras in autostop

- *difficoltà*: ****
- *durata*: variabile, dipende se ti caricano e su cosa; il viaggio su carro trainato da mulo è lungo, ma romantico
- *patologie di ritorno*: eritema multiforme maculo-papuloso, prurito, nausea, vomito, diarrea, stomatite, glossite e, in alcuni casi, nostalgia del mulo
- *prezzo*: seimiladuecento euro

Bielorussia a cavallo

- *difficoltà*: ****
- *durata*: dipende dal cavallo, se è a dondolo ci vuole parecchio
- *patologie di ritorno*: vertigini, ronzii, ipoacusia, steatorrea, oliguria, eruzioni cutanee, mal di mare (se il cavallo era a dondolo)
- *prezzo*: seimilacinquecento euro

Afghanistan in barca a vela

- *difficoltà*: ******
- *durata*: dipende dal vento
- *patologie di ritorno*: dermatite esfoliativa, sindrome di Steven-Johnson, necrosi epato-cellulare, pancreatite, depressione mentale, convulsioni, atassia, agranulocitosi, anemia megaloblastica, alterazioni del metabolismo dei folati

prezzo: ottomiladuecento euro

L'estate è vedere le città semideserte piene solo di pensionati e di extracomunitari, e, tra qualche anno, di pensionati extracomunitari. Tutto il resto della città si ferma, e tutto il resto della popolazione è in vacanza. Magari c'è anche qualcun altro che resta in città, però prima di uscire di casa si traveste da pensionato o da extracomunitario, perché altrimenti si vergogna. Una volta quando arrivava agosto si facevano anche i governi balneari, scegliendo apposta come presidente del consiglio il politico più scadente: lui stava a Roma da solo, mentre anche gli uscieri erano in vacanza a Fregene, e passeggiava avanti e indietro tutto il giorno per Palazzo Chigi facendo le parole crociate o anche quelle crittografate, poi quando arrivava settembre e gli altri tornavano, lui si dimetteva e con la paga da presidente del consiglio andava in vacanza a Cesenatico accompagnato dai suoi fedeli portaborse, stracarichi di valige piene zeppe. Di parole crociate.

FERRAGOSTO

A ferragosto il comico può trovarsi nelle situazioni più disparate: in panciolle al mare in attesa di esibirsi di sera sulla spiaggia di Marina di Camerota, a Ponte di Legno bevendo anche degli alcolici gratis offerti dalla direzione, oppure in piena solitudine, magari a casa propria, in mutande, aspettando che cali il buio per portare risate matte ai sopravvissuti all'afa cittadina. Ricordo bene il ferragosto del 1992, trascorso a Milano: di sera avrei avuto uno spettacolo dalle parti di Corsico – cittadina dell'hinterland nota perché ospita un enorme capannone dell'Ikea (infatti adesso i cartelli stradali a Corsico sono fatti in truciolare e in paese cominciano a nascere i primi bambini componibili) – ma avevo tutto il giorno a disposizione della mia solitudine. Dopo essermi alzato senza fretta (13.30-14.15), decido di fare quattro passi per la Milano bollente alla ricerca di un caffè freddo, visto che la mia dispensa è priva anche dei generi di prima necessità. Le strade sono deserte e silenziose, c'è parcheggio anche se non lo cerchi e tutte le saracinesche sono abbassate e tappezzate di cartelli "Chiuso per

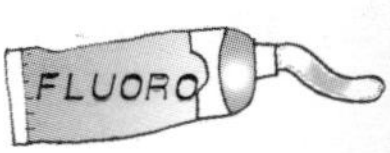

ferie", "Si riapre quando siamo abbronzati". Per strada c'è solo qualche cane che scava nell'asfalto reso molle dal caldo. È per quello che poi d'inverno trovi le buche. Sono quelle fatte in estate dai cani. Comincio a camminare avanti e indietro per un parco cittadino alla ricerca di una qualsiasi forma di vita, dopo un po' mi si avvicina un argentino che si lamenta perché la sua donna lo ha lasciato accusandolo di essere omosessuale (lui diceva "culatore"... la pronuncia argentina lo portava a sbagliare un po'). Lui smentisce decisamente il fatto, poi ci prova con me. Reso molto vulnerabile dalla solitudine, quasi cedo alle sue proposte, poi ritrovo il mio orgoglio eterosessuale e mi riprendo grazie a un manifesto ingiallito che mostra procaci forme femminili, peraltro irraggiungibili. Ricomincio a camminare, sempre alla ricerca di un caffè, e dopo un po' vedo una latteria che sembra aperta, dalle parti di corso XXII marzo. Entro, c'è un signore anziano molto accaldato che quando mi vede quasi bestemmia, poi, controvoglia, mi fa il caffè e me lo fa pagare il doppio, per la fatica che ha fatto. Lo ringrazio e lui, forse vittima del caldo, prima mi insulta, poi grida: "Viva il duce!".

Grondo sudore e decido di andare in una piscina comunale, per provare l'ebbrezza del fungo sotto i piedi. Entro che il cemento scotta, mentre l'acqua in compenso è gelida, quasi isolata dal clima circostante, specchio fedele del mio stato d'animo. Mi tuffo e subito avverto il rischio bronchite o raffreddore con febbre. Sto lì un po', solo e pensoso, mentre anche gli inservienti della piscina mi guardano con commiserazione e sospetto. Molti credono che io sia un drogato, visto che sono lì a ferragosto solo come un naufrago. Decido di rientrare a casa, accendo la TV e guardo delle repliche giallognole del '67 o '68. Anche la TV suda. Preparo il materiale per lo spettacolo, poi faccio una doccia e mi avvio verso Corsico con la mia macchina, che tende ad andare verso il mare spinta da un moto proprio, ma io, lottando con molta forza di volontà, la riconduco verso l'umido hinterland cittadino. Il volante è bollente e prende l'impronta indelebile delle mie dita; incrocio in tutto due automobili, un carro funebre e tre pensionati che guardano i cani che scavano. Un pensionato si volta e grida: "Viva il duce!", un altro: "Sei un drogato!", l'ultimo dice che non ci sono più i cani di una volta. Arrivo sul luogo dello spettacolo e, mentre il sole comincia a calare, le zanzare aumentano a dismisura. Ci sono più zanzare che spettatori. Invece di pungerci cercano di tuffarsi dentro alle birre: anche per loro il caldo è troppo e, vista la schiuma, pensano che sia il mare Adriatico. Poi comincia lo show: alcuni ridono, altri mi guardano come se fossi un alieno, altri ancora, oppressi dall'afa, urlano parole senza senso vagando avanti e indietro e tirando forti pugni sul palco. Però lo spettacolo in fondo piace, soprattutto alle zanzare, che alla fine vengono tutte da me, forse attratte anche dai riflettori. Poi, una volta ritirato il cachet che mi permette qualche giorno di vacanza a Pinarella di Cervia o a Scalea, mi avvio verso casa, lentamente e zigzagando, per evitare le buche scavate dai cani.

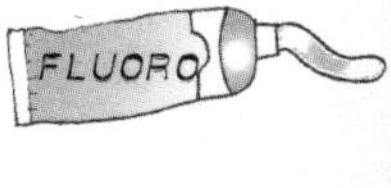

LE SCUOLE DI TEATRO

Andando in giro per strada molti mi fermano e mi chiedono se ho fatto delle scuole di teatro o se sono proprio così, e ogni sera vado sul palco e dico a caso quello che mi passa per la testa. Allora dico che sì, ho fatto dei corsi di teatro. Adesso racconto come si svolgono. Innanzitutto fai un colloquio con quello che tiene il corso e che ti chiede perché lo vuoi fare (risposte: "Ho necessità di esprimermi artisticamente"; "Voglio provarci con le donne che fanno il corso"; "È meno impegnativo che andare a caccia di cinghiali sull'Appennino Tosco-Emiliano"), poi, se lui ritiene che tu abbia abbastanza soldi per pagare la retta mensile e che non rappresenti una minaccia per le donne con le quali vuole provarci, ti ammette al corso.

Per prima cosa in un corso di teatro si cammina. Si va avanti per decine di minuti a camminare per la sala (di solito uno stanzone tipo palestra, però sulle pareti, invece di immagini di corpi scolpiti dall'esercizio fisico, ci sono ritratti di Gabriele Lavia). Si cammina avanti e indietro come automi (in pratica come quando si telefona al cellulare) per liberarsi la testa dai pensieri negativi, mentre il maestro ti dice a cosa devi pensare: mare, montagna e vette innevate o anche non innevate, così... vette come capita, anche con delle capre annoiate che pascolano. La pianura nei corsi di teatro è poco gettonata. Anche se il corso lo fai a Lodi. Vai avanti per ore e ore a camminare. C'è gente che dopo un corso di teatro si iscrive alla maratona di New York e arriva anche terza o quarta senza sudare. Poi a un certo punto smetti di camminare e ascolti il tuo corpo, ti concentri su ogni singola parte del corpo, la gamba, il braccio, la milza. C'è gente così concentrata che riesce a entrare in contatto con ognuno dei propri organi interni, avendo una specie di colloquio anche col fegato o l'intestino. Ed è gente che magari prima non si era mai neanche drogata pesante. C'è chi lo fa veramente e chi finge molto, pensando invece alla femmina con cui vuole accoppiarsi. Poi il maestro dice che devi sentire delle sensazioni di caldo o di freddo, allora alcuni ne approfittano e, dicendo di sentire un caldo bestiale, si spogliano completamente esibendo svariate parti del corpo, anche le più intime, per fare colpo sulle allieve, che tanto ormai si sono già innamorate del maestro e non si interessano a nessun'altra mutanda all'infuori della sua. Dopo svariate lezioni dedicate all'escursione termica, si comincia con le improvvisazioni. Il maestro dà un input e tutti si cimentano a scandagliare a fondo il proprio universo emozionale, passando dalla risata al pianto e sentendosi finalmente persone sensibili in un mondo frivolo e asettico.

A questo punto, di solito a metà corso, alcuni molla-

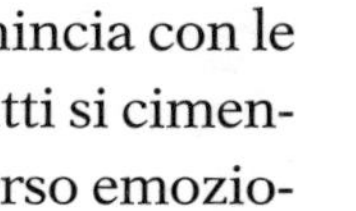

no: quelli che sono stufi di consumare scarpe e pensano che il maestro prenda delle percentuali dai risuolatori della zona, oppure quelli che preferiscono dedicare le proprie risorse economiche al consumo di birre triplo malto, o infine quelli che hanno visto le proprie femmine preferite ormai irrimediabilmente attratte dal fascino del pedagogo. Perciò, di regola, le donne restano tutte, perché sperano a fine corso di copulare col maestro, anche se avanti negli anni e spiacevole alla vista. I sopravvissuti cominciano a lavorare su un testo classico, a impararlo e a recitarlo, di solito con risultati discutibili e ai confini dello stucchevole. Finché arriva il momento del saggio. Si affitta un teatro, si invitano parecchi parenti, anche pagandoli sottobanco, e si fa la recita. Alla fine ci sono dei bei complimenti per tutti, soprattutto per i parenti che hanno avuto la forza di stare lì per un paio d'ore senza lamentarsi né addormentarsi più volte. Si va tutti insieme a mangiare una pizza, il maestro dice che deve andare in bagno e mentre sta lì tutte le donne vanno a turno da lui e lo toccano anche nelle parti intime. Quelle più belle hanno anche rapporti completi, mentre le più brutte possono solo guardare recitando dei pezzi di Gabriele Lavia e al massimo devono accontentarsi di vedergli la mutanda. Poi tutti si va a casa, il maestro organizza un altro corso, fa stampare i manifestini di pubblicità e va a comprare un po' di preservativi, tanto per non farsi mai trovare impreparato. Il che, per un maestro di teatro, è fondamentale.

CABARET ESTREMO

Il comico, soprattutto negli anni della gavetta più grave, si trova a doversi esibire in situazioni di qualsiasi tipo e che creano alla fine sensazioni di sconforto, delusione e grande amarezza che lo inducono a bere caraffe di birra triplo malto. Una di queste situazioni per me e per molti miei colleghi è stata quella di presentare spogliarelli e catch femminile in un locale della periferia milanese ai confini con Paderno Dugnano, cittadina dell'hinterland conosciuta soprattutto perché ci passa la superstrada Milano-Meda e perché ospita un centro commerciale più grosso della cittadina stessa; infatti adesso Paderno Dugnano sulle cartine figura come frazione di quel centro commerciale. Arrivo lì che ho più o meno vent'anni, contattato da un agente di spettacolo noto nell'ambiente per la capacità di pagare in ritardo (a me, dopo tanti anni, deve ancora trecentomila lire e una pizza a scelta. Anche la capricciosa), però io ci vado, attirato dal miraggio delle donne che, abituate a spogliarsi davanti a tutti, poi magari ci stanno più facilmente, visto che sono già pronte e non devono faticare a

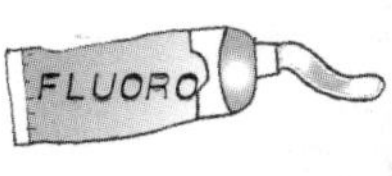

togliersi la biancheria intima. Appena entri nel locale c'è una specie di ring, in fondo il bancone e a destra il bagno, che funge anche da camerino per le ragazze e luogo dove gli avventori si recano più volte durante la serata: un po' indotti dalla birra, un po' per provarci con le ragazze stesse, che dopo aver detto "NO" più volte poi ci stanno, ma senza partecipazione emotiva, neanche minima. Il mio compito è il seguente: devo salire sul ring e far divertire la gente (tutti uomini, quasi sempre molto sudati) provocando risate matte, poi devo presentare due ragazze che si spogliano anche completamente simulando orgasmi à gogo, poi condurre una specie di gioco durante il quale si spoglia anche uno spettatore, di solito ubriaco cronico e con espressione statica, che alla fine resta con la mutanda. Infine presenterò tre round di pseudo-catch femminile, espediente pretestuoso per permettere ancora alle ragazze di spogliarsi, toccarsi e schiaffeggiarsi sulle natiche, con fare vagamente sadomasochista. Il problema riguarda soprattutto la prima parte, perché il pubblico, desideroso e voglioso di sesso rapido, raramente apprezza le battute del comico, preferendo invece deriderlo lanciando al suo indirizzo l'opposto del complimento. Per tutti noi perciò è particolarmente complicato ottenere l'attenzione e la risata del pubblico, che invece rumoreggia e suda aspettando le ragazze già seminude. Una sera un comico-fantasista, probabilmente in crisi esistenziale e con tendenze all'autodistruzione, sale sul ring e propone un numero di mimo adatto forse a un teatro d'avanguardia. Tutto lascia pensare che il tapino sia destinato a essere sommerso da fischi sibilanti e pinte di disprezzo, invece avviene l'incredibile: il pubblico per un po' lo osserva incredulo, poi ammutolisce e, come per magia, smette di sudare, nonostante il microclima tropicale. Qualcuno, non credendo ai propri occhi, va al bancone e chiede un caffè triplo, che peraltro lì non fanno, disponendo solo di alcolici pesanti; altri, per la prima volta nella vita, emettono suoni non gutturali; le ragazze dello show tornano vergini. Quando finisce il numero di mimo, nessuno applaude, però tutti vanno subito a casa consapevoli dell'audacia del mimo, che ha rischiato la vita, e dell'eccezionalità della serata. Vanno a casa, portano un fiore alla moglie dicendo parole d'amore in tutte le lingue e danno un bacio al figlioletto già dormiente. Poi si coricano e ricominciano a leggere "Caballero", "Le Ore" e "Playboy".

Un'altra situazione estrema mi è capitata lavorando nei locali di scambi di coppia, frequentati per lo più da coppie di mezza età in cerca di nuovi e improbabili brividi erotici. La serata si svolgeva così: arrivavi sul posto, di solito una specie di club privato seminascosto e con un'insegna rossastra, stavi un po' lì a vedere la fauna mista che si muoveva nel locale e a guardare i cartoni animati erotici che venivano mandati su appositi schermi, e poi, verso le 23.40, bisognava fare una ventina di minuti di spettacolo fino alla mezzanotte, momento in cui venivano aperti i séparé e le persone andavano e fare del gran sesso su divanetti predisposti ad hoc, scambiandosi il partner senza discutere ma, anzi, complimentandosi. La cosa bella è che a volte capitava

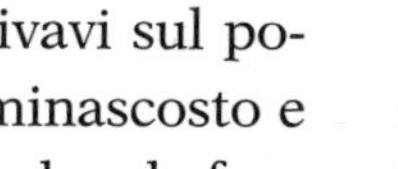

di fare lo spettacolo davanti a persone già nude o seminude, perché alcune erano un po' esibizioniste e gli piaceva far vedere il corpo, ormai in vistosa decadenza e senza possibilità di riscatto, a tutti quelli che c'erano nel locale. Una sera, subito dopo essermi fatto pagare dal direttore del locale, uomo di una certa eleganza nonostante gli oggetti un po' kitsch che albergavano nel suo ufficio (tazze a forma di fallo, accendini a forma di fallo, sedie a forma di fallo, scrivania a forma di fallo), esco dal suo studio e in mezzo al locale vedo un capannello di persone che mangiano salatini guardando a terra. Mi avvicino e, anch'io con un salatino in mano (a forma di fallo), vedo sul pavimento due donne che stanno "facendo l'amore", diciamo così, con cinque uomini. Una delle donne è impegnata solo con due uomini, forse per una questione di timidezza; l'altra, la più disinibita, contemporaneamente con tre. Mi godo per un po' lo spettacolo (senz'altro più interessante e formativo del mio) finché la donna timida mi nota e, senza interrompere la prestazione, mi fa i complimenti per la mia comicità, chiedendomi anche dove può venirmi a vedere un'altra volta. Io glielo dico e lei, per ringraziarmi, mi chiede se voglio partecipare. La ringrazio, ma declino l'invito, anche perché non sono abituato a esibirmi senza mutanda davanti al pubblico. In realtà è una cosa che mi capita poco anche nella vita privata. Mangio un altro salatino (a forma di organo sessuale femminile, che peraltro posso confrontare dal vivo con l'originale), poi, quasi dispiaciuto, mi avvio verso casa. Avrei mangiato volentieri un altro salatino.

La situazione più estrema invece è capitata a un mio collega, in un locale apparentemente normale, ma gestito da un uomo sull'orlo di una crisi di nervi. Il collega arriva sul posto e si rende immediatamente conto che il proprietario è un tipo strano, perché passa da momenti di estrema affabilità ad attimi di delirio durante i quali grida a voce alta frasi di ogni tipo, prendendosela un po' con tutti. Arriva il momento dello spettacolo e sul palco sale proprio lo psicolabile, che presenta la serata e, notando che qualcuno del pubblico parla, cosa che può capitare soprattutto a inizio serata, senza mezzi termini si rivolge a un suo cameriere e indicandogli lo spettatore reo di disturbo, gli ordina: "Vai a prendere quel sacco di merda e buttalo nella spazzatura!", con un tono di voce che farebbe saltare i timpani a un elefante. A questo punto il "sacco di merda" non si fa ripetere l'invito, si alza e se ne va da solo, chiamando però altri suoi amici e attendendo "psyco" fuori dal locale, per ringraziarlo con una buona serie di ematomi su tutto il corpo. Il mio collega comincia lo spettacolo in un clima di terrore, e così procede per tutto il tempo, anche perché il proprietario resta lì a fissare il pubblico con uno sguardo che non ammette relax. Solo ogni tanto si ode qualche risatina nervosa e spaventata. Il collega finisce la serata ed esce da una porta posteriore, temendo anche per la propria incolumità, sale in macchina sgommando e si ferma al primo autogrill a bere una camomilla, mentre da lontano si odono gli echi di un regolamento di conti.

SU E GIÙ PER LOCALI

Il posto migliore per imparare a fare cabaret sono i locali di cabaret, dove puoi vedere i colleghi lavorare, incontrare donne che non ci stanno e discutere col gestore per farti aumentare la paga, perciò sono posti da frequentare. Quando sono andato a vivere a Milano il primo locale in cui ho lavorato stabilmente è stato un night in zona Navigli gestito da un comico che mi pagava poco, ma solo quando si ricordava. E aveva una pessima memoria. Però da lui si poteva iniziare a fare cabaret: prima c'era tutto lo spettacolo normale con i comici già capaci, poi, quando il pubblico ormai se ne stava andando ed era già in zona materasso, arrivavo io, che, avendo appena iniziato, inducevo il pubblico ad andarsene ancora più velocemente. Mi usavano come svuotalocale. Però lì ho conosciuto molte donne con cui ci ho provato e che non ci sono state, il che è bello e utile, così cominci ad abituarti alla normalità della vita.

Quindi sono stato alcuni anni al Derbino, il cui nome rievoca lo storico Derby, chiuso a metà degli anni ottanta. Per un certo periodo il Derbino, che appena cominciava a funzionare, forse per masochismo, cambiava sede, è stato collocato in uno spazio apposito all'interno di una bocciofila: era bello arrivare lì già vestiti per lo spettacolo, magari con giacca, paillette e papillon, mentre gli anziani giocavano a bocce e dentro di sé pensavano: "È un drogato", perché in effetti uno che si veste così e poi entra in una bocciofila qualche problema ce lo deve avere. Il Derbino era gestito da Renzo Schiroli, un comico sempre agitato, che però dava a tutti la possibilità di salire sul palco e mettersi alla prova: se il pubblico non rumoreggiava e alla fine non chiedeva sconti sostanziosi lamentandosi del comico potevi rimanere, altrimenti uscivi e andavi alla deriva travolto dalla nebbia che di solito circondava il locale anche ad agosto.

Poi c'era la Taverna dei Sette Peccati, locale gestito da una brava persona che si chiamava Mario e composto da tre sale: nella prima, la più vicina all'ingresso, il pubblico era abbastanza sotto controllo ed educato; nella seconda, sotterranea, il pubblico era già più vivace, ma ancora gestibile; l'ultima, la più lontana dall'ingresso, era una specie di oasi di terrore per il comico, perché là poteva capitare di tutto: insulti legalizzati, addii al celibato bagnati da superalcolici pesanti, uomini e donne che gridavano a squarciagola. Per il comico andare in quella sala era una specie di giudizio universale, c'era chi ne usciva senza effetti collaterali e chi, subito dopo, decideva di cambiare lavoro, di entrare in seminario o di aprire un ristopizza con delle luci al neon. In quella sala un mio collega ha visto uno spettatore in piena ubriachezza da addio al celibato avvicinarsi a lui e vomitargli sulla pedana, manifestando poi soddisfazione e orgoglio, condivisi peraltro dall'intera platea. Altri hanno avuto esperienze analoghe. Io ho resistito un paio d'anni, però a quel locale sono rimasto affezionato, perché ci ho lasciato parecchi neuroni.

L'ultimo locale in cui ho passato molte serate si chiama Ca' Bianca, si trova a Milano ed esiste tuttora, anche se ha cambiato gestione. Prima era un posto dove si faceva musica e cabaret, adesso è gestito da brasiliani e brasiliane, così l'occhio ci guadagna. La cosa bella di quel locale era che ti poteva capitare di fare lo spettacolo con la sala piena, oppure con due persone che magari erano lì solo per andare poi a copulare, e del cabaret non gli interessava niente. Anzi, le infastidiva. Però lo spettacolo si faceva lo stesso, così, per abitudine. Anche se non c'era nessuno: il comico alle undici si metteva lì e cominciava lo show, se arrivava qualcuno ti guardava come se fossi un alieno o Elephantman, poi andava a casa in silenzio, riflettendo sui massimi sistemi. Però in fondo il locale in sé era bello, un po' rétro, e sulle pareti potevi trovare le fotografie di tutti quelli che ci avevano lavorato in passato, anche musicisti, mimi e chansonnier. Tutti fotografati sul palco. Mentre magari in platea non c'era nessuno.

Un discorso a parte merita il Caffè Teatro, locale in provincia di Varese dove quasi tutti i cabarettisti hanno fatto almeno una serata pagata e due gratis: l'ambiente è accogliente, i gestori simpatici e il pubblico disponibile. Il comico arriva lì, mangia, beve in modo eccessivo e racconta degli episodi anche mai avvenuti, così, tanto per il gusto di millantare. Alle undici comincia lo spettacolo, che va avanti anche con dei bis, il pubblico ormai è abituato a chiederli anche se il comico non ha entusiasmato. Ma il pubblico li chiede lo stesso perché spera che almeno nei bis ci sia qualcosa di divertente. Perciò si può andare avanti per ore. Insomma, è un bel pubblico. Alla fine si sta ancora un po' insieme e si parla del più e del meno, e verso le tre del mattino si va a casa con qualcosa di commestibile dentro allo stomaco, qualche bella risata dentro ai ricordi e gli stessi soldi di prima nel portafogli. Ci fossero anche quelli, il Caffè Teatro sarebbe l'ideale...

A volte capitava che i gestori di questi locali ti chiamassero per dirti che lì da loro c'era un provino per la TV. Arrivavi verso le tre del pomeriggio e ti trovavi insieme a tutti gli altri comici d'Italia, e anche quelli della Svizzera italiana. Praticamente l'intero panorama comico nazionale, e non solo: a volte c'erano anche degli anziani che passavano di lì, non sapevano come trascorrere il pomeriggio e salivano a fare delle cose, magari a ripetere a memoria delle puntate della *Ruota della fortuna*, poi dicevano che non ci sono più i comici di una volta. I provini sono ansiogeni, perché normal-

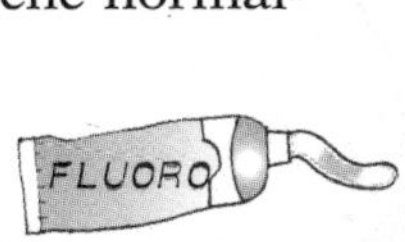

mente hai a disposizione un bel cinque minuti per far smascellare dalle risate gli addetti ai lavori, che invece di solito ti guardano con lo stesso interesse che si rivolge a una macchia di muffa su una parete... insomma, non è mica facile. Io per abituarmi ai provini andavo a fare i miei pezzi davanti a mio zio, che ha un'impresa di pompe funebri, perciò conosce la vita. I primi comici che salgono sul palco sono fortunati, perché l'attenzione in sala è abbastanza alta, a meno che non entri qualcuna in minigonna, anche con delle gambe normali; più passano le ore più gli autori che sono in platea e devono ascoltarti e giudicarti cominciano a pensare ad altro: amplessi selvaggi, vacanze in Brasile, bollette da pagare, caponata di melanzane. Alla fine dei provini, verso le due o le tre del mattino, l'atmosfera è irreale: comici che cercano di far ridere suscitando solo sonnolenza e torpore, donne a cui è caduto il seno anche se prima ce l'avevano florido e autoreggente, autori che sembrano reduci da venticinque anni passati nella Legione straniera, anche con qualche guerra di mezzo. Poi si va tutti a casa, sognando la California. O anche solo Gatteo a Mare.

ZELIG

Zelig, per me, oltre che un locale e una trasmissione televisiva è anche un fatto affettivo. Per arrivarci devi andare a Milano, prendere viale Monza, proseguire un bel po' in direzione Sesto San Giovanni e poi te lo trovi sulla destra, al civico 140, in fondo a una piccola discesa. Se trovi parcheggio lasci la macchina ed entri, altrimenti vaghi avanti e indietro per un paio d'ore, poi torni a casa e prendi la metropolitana, fermata Turro. All'ingresso del locale c'è una specie di corridoio su cui sono appese le foto in bianco e nero di svariati comici e di Gino & Michele e Giancarlo Bozzo,* poi c'è una specie di atrio con la biglietteria, il bar e Pasquale, poi, lasciando sulla destra la cabina dei fonici Fabio e Nico (fornita di tutto il necessario: microfoni, amplificatori, preservativi e birra), entri nella sala vera e propria, che è una specie di teatro, però coi tavolini, così, se il comico non fa ridere, il pubblico può bere sentendosi anche legittimato a farlo.

* Autori di riferimento di *Zelig Circus*.

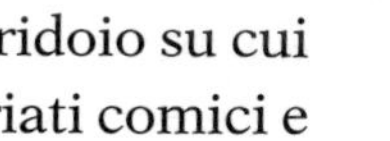

Zelig per me è un fatto affettivo perché ho iniziato a lavorarci nel '93, quindi anche non volendo uno si affeziona. Però, a mio parere, la cosa bella di questi ultimi tempi sono le serate della domenica, quando si fanno le prove "libere" della trasmissione e vengono a provare anche tanti cabarettisti nuovi o sconosciuti: il pubblico arriva sempre numeroso, perciò il comico può stare nell'atrio, fare il brillante e provarci con le donne che arrivano, anche se poi è difficile concludere, perché appena appare una femmina in minigonna i comici, forse per una specie di fame atavica, la circondano come cani che vedono un osso ancora da spolpare, e alla fine lei se ne va disgustata denigrando l'ambiente dello spettacolo. Quindi il pubblico si siede ai tavolini e ordina quello che vuole: nel menù ci sono anche i panini con i nomi dei comici, così gli autori verificano quali sono quelli più richiesti e facendo una statistica attribuiscono a ciascuno il minutaggio in trasmissione. Poi, quando tutti sono a posto, verso le dieci comincia la serata: prima sale Giancarlo Bozzo, che fa sempre un sondaggio col pubblico chiedendo quanti sono lì per la prima volta. Ormai il pubblico conosce la domanda e, anche se è la ventesima volta che viene, dice sempre che è la prima, così, tanto per vedere la reazione di Bozzo; c'è gente che viene da Ascoli Piceno o da Camogli solo per sentire Bozzo che fa la fatidica domanda, che ormai è tradizione fissa. C'è gente invece che abita a Milano, proprio dietro al locale, e ogni domenica va allo Zelig per dire a Bozzo di essere venuta apposta da Taranto per vedere lo spettacolo. Sono bugie, ma dette a fin di bene, con l'unico scopo di far contento Bozzo. Poi sale Bisio, che di domenica si lascia andare anche a momenti di improvvisazione e prova un po' di tutto: il pubblico avverte questa sensazione di libertà e a sua volta si lascia andare, gli uomini ridono parecchio e le donne lanciano reggiseni e mutandine sul palco, finché salgono i vari comici e insieme a Claudio fanno lo show, che talvolta dura fino alle due di notte, sforando abbondantemente i tempi previsti. Gino & Michele, amareggiati e/o dubbiosi, buttano il cronometro (necessario per verificare la durata dei "pezzi") nel Naviglio della Martesana, immaginando sostanziose sforbiciate e tagli netti alla scaletta, mentre il pubblico, ormai sfiancato, ordina grandi caffè doppi al bar; poi, al primo albeggiare, la serata finisce, il pubblico defluisce e fra di noi c'è una specie di riunione in cui si parla con tutti gli autori dei pezzi fatti; qualche comico temerario si lancia ancora all'abbordaggio di qualche femmina, fornendo insieme all'autografo anche il numero di telefono; vistosi rifiutare l'offerta, si tuffa a scelta in un ultimo amaro o nella Martesana a recuperare il cronometro di Gino & Michele. Poco alla volta il locale si svuota, ci si saluta parlando ancora un po' del più e del meno, e ci si rivede il giorno dopo alle due di pomeriggio. Praticamente, appena alzati.

"COM'È LA HUNZIKER?"

Credo sia la domanda che mi è stata rivolta più spesso negli ultimi due o tre anni. Le persone mi fermano per strada, mi riconoscono e mi chiedono: "Com'è la Hunziker?". A volte me lo chiedono anche se non mi riconoscono, mi fermano, così, all'improvviso, e mi chiedono: "Com'è la Hunziker?". Ho visto anche delle persone che si fermavano fra di loro, senza mai essersi viste prima, e si chiedevano reciprocamente: "Com'è la Hunziker?". Una volta è venuto a casa mia un ispettore del ministero delle Finanze, pensavo che volesse sapere qualcosa della mia dichiarazione dei redditi... sì, in effetti voleva sapere proprio quello, però alla fine mi ha chiesto: "Com'è la Hunziker?". Sembra che sia la domanda che incuriosisce di più tutti gli italiani, ovunque io vada chiedono com'è la Hunziker. Allora ho deciso di rispondere qui e ora, in modo del tutto arbitrario e soggettivo, anche per essere utile a tutta la collettività e rendere in questo libro un'opera di pubblico servizio, che poi l'editore, se grazie a questa risposta gli faccio vendere più libri, è contento, mi fa i complimenti e mi invita a cena in un ristopizza facendomi prendere quello che voglio, dandomi anche grandi pacche sulle spalle e chiedendomi alla fine: "Com'è la Hunziker?".

Michelle Hunziker è una donna, alta secondo me fra il metro e settantatré e il metro e settantasei. Quando ha i tacchi è un po' più alta, quando non li ha è alta un po' meno, però è sempre una donna che, se la vedi in piedi dopo che l'hai vista seduta, noti la differenza. In piedi è più alta che seduta, mentre seduta è più seduta che alta. Michelle ha gli occhi chiari, così, sull'azzurro-verde ceruleo, insomma, chiari. Perché a volte non è facile dire di che colore è l'occhio chiaro. Ne ha due. I capelli sono biondi e sono tanti, che è una bella cosa. Secondo me sono un bel po' di migliaia, tutti lì e proprio nel punto giusto: sulla testa. Poi ha un naso sorridente e anche un bel sorriso. Probabilmente è per questo che piace agli uomini, anche a quelli incattiviti e ai notai, proprio perché ha un bel sorriso spontaneo e solare, che uno starebbe lì a guardarla per un bel po', anche trascurando le repliche dell'*Ispettore Derrick* o un quarto di finale di Champions League. Quando ride trasmette allegria, quando piange trasmette tristezza, che non è mica da tutti. Poi sembra che abbia la pelle vellutata, a differenza dell'Emmenthal, che pure è svizzero come lei. È sensibile e si diverte alle battute, però è una con cui ci puoi anche parlare, e di solito ti risponde, se vuoi anche in sei o sette lingue diverse e sfoggiando anche una cultura da poliglotta professionale, pur senza aver fatto il ZEPU (versione svizzera del CEPU). Comunica naturalezza e simpatia, perciò piace anche alle donne e ai bambini.

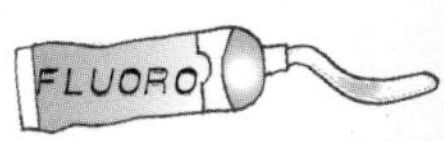

Una volta per strada ho incontrato un signore a cui lei non piaceva, un po' di gente si è fermata lì al momento e lo ha lapidato con dei sampietrini, e alla fine lui stesso si tirava delle pietre addosso, dicendo: "Ho sbagliato. Ho sbagliato". Poi sottovoce mi ha confidato: "Ho detto che la Hunziker non mi piaceva così, solo per darmi delle arie, ma in realtà io non l'ho mai conosciuta". Con una mano mi ha stretto forte un braccio e mi ha sussurrato: "Ma lei che la conosce bene, mi dica, per favore, ma la Hunziker... com'è?".

LA DONNA: CONSIDERAZIONI SCIENTIFICHE

Parlando di Michelle Hunziker viene naturale occuparsi di donne, però qui vorrei farlo dal punto di vista scientifico e senza sovrastrutture mentali, altrimenti poi il lettore pensa che uno è coinvolto anche emotivamente. Così invece do al libro anche una parvenza di cultura approssimativa, che nella vita è sempre bello e utile.

Il mammifero conosciuto come "donna" manifesta generalmente le proprie caratteristiche intorno ai 13-14 anni di vita tramite l'arrotondarsi delle forme e l'inizio di caratteristici appuntamenti mensili che spesso causano nel soggetto in questione mal di testa, nevralgie, cefalee, irritazione, cattivo umore, stati d'ansia o di depressione, insonnia, inappetenza, dolori articolari, sciatalgie, stomatiti, ulcera peptica, allucinazioni, carbonchio e morte apparente.

Contemporaneamente la cosiddetta "donna" comincia a mostrare un certo interesse per il mammifero maschio corrispondente, generalmente chiamato "uomo", ma talvolta definito dalla donna stessa anche "amore", o più spesso "egoista", "verme" o "bastardo".

Tale interesse si evidenzia compiutamente alcuni anni più tardi, allorché la donna tende ad attirare verso di sé la controparte maschile per mezzo di richiami fisici (ad esempio, l'esibizione prolungata di una o più parti del corpo quali ombelichi, seni, capelli lunghi e fluenti, cosce, glutei, labbra carnose e invitanti...) o vocali (ad esempio: "Mi offri da bere?", "Mi inviti a ballare?", "Mi riaccompagni a casa?", a cui di regola segue un'ultima frase piuttosto ripetitiva e riassumibile con: "Per stasera fermiamoci qui, non andiamo oltre, non roviniamo tutto", che il mammifero uomo accetta generalmente col sorriso sulle labbra, la morte nel cuore e il funerale nelle mutande).

A tale fase di corteggiamento ne segue un'altra generalmente definita "petting", durante la quale la donna pronuncia frasi assolutamente inattendibili quali: "Tu sei diverso da tutti gli altri", "Il sesso per me non è la cosa più importante", "Prima di stasera non l'ho mai fatto". Il mammifero uomo ascolta queste frasi, sa che sono evidentemente false, ma le accetta pur di arrivare alla fase successiva chiamata amplesso e che culmina nel cosiddetto "orgasmo", raggiungibile dal maschio in pochi attimi e dalla donna... nessuno l'ha mai saputo.

Tale pratica tende poi a diradarsi e a svanire quando la relazione tra uomo e donna evolve in una particolare disavventura nota come "matrimonio", esperienza che spesso causa soprattutto nel maschio un senso di frustrazione, sofferenza e desiderio di dedicarsi ad altre esperienze, generalmente conosciute come "cibo", "pal-

lone", "rutti" e "fiumi di birra", di fronte alle quali la donna è solita pronunciare frasi quali: "Non c'è più niente da fare, sei proprio diventato un animale", a cui di regola il mammifero uomo risponde emettendo fonemi preistorici e suoni gutturali di vario tipo, avviandosi così verso una definitiva rottura del rapporto, che determina, soprattutto per la parte maschile, anche un grave danno economico (cosiddetti "alimenti").

Il mammifero conosciuto come "donna" è quindi mutevole, scaltro e sagace, e spesso il suo comportamento e i suoi desideri sono totalmente incomprensibili per la controparte; quindi, per migliorare la comunicazione fra i sessi, propongo che la donna in età adulta circoli ovunque e senza soluzione di continuità esponendo cartelli esplicativi, che permettano al povero uomo di indovinare i di lei pensieri.

Se la donna non vuole fermarsi a parlare con nessuno dovrà esporre un cartello di DIVIETO DI SOSTA.

Se la donna assolutamente non vuole contatti con la controparte maschile: DIVIETO DI FERMATA.

Se la donna è disposta a parlare: POSSIBILITÀ DI PARCHEGGIO.

Se la donna è disponibile anche ad andare oltre: ENTRATA LIBERA.

Se la donna vuole fare l'amore solo col fidanzato: VIETATO L'ACCESSO AL PERSONALE NON AUTORIZZATO.

Se il fidanzato è presente: ATTENTI AL CANE.

Se il fidanzato è molto geloso: ATTENZIONE, PERICOLO DI MORTE!

Se la donna è disponibile al rapporto completo, ma è in uno di quei suoi giorni: LAVORI IN CORSO.

Se la donna è molto corteggiata: POSSIBILITÀ DI CODA.

Se la donna ha una certa tendenza a rimanere incinta:
ATTENZIONE, USCITA BAMBINI!

QUANDO FINISCE UNA STORIA D'AMORE

Quando finisce una lunga storia d'amore, la prima settimana l'uomo rimasto solo pensa di stare con centinaia di altre donne; la seconda settimana pensa di stare con decine di altre donne; la terza settimana... pensa. Pensa che è difficile, perché di solito la donna vuole un uomo tenero sul divano, ma duro sul letto. Il problema di comprensione nasce quando ci si trova sul divano letto. Non si sa come comportarsi. Allora l'uomo rimasto solo si incupisce e rimane in casa per giorni, settimane, mesi, in mutande, a fissare l'orizzonte. Ma una mattina l'uomo abbandonato e deluso si sveglia e, come per magia, è tutto diverso...

Sembra una mattina come tutte le altre: ti alzi e in cucina è finito il caffè; ti lavi e in bagno è finita l'acqua calda; ti pettini, e in testa sono finiti i capelli. Apparentemente è una mattina come tutte le altre, ma qualcosa è diverso dentro di te. Ti sei svegliato e per la prima volta dopo tanto tempo non hai più pensato alla tua ex. Ti senti finalmente LIBERO! Cammini per strada e per la prima volta dopo tanto tempo vedi le altre donne! Le vedi veramente! Prima in ogni donna vedevi LEI, la tua ex, adesso in ogni donna vedi LUI, il tuo orgoglio maschile... Entri in un bar e seduta al tavolo c'è una morettina, sola, carina, e una voce dentro di te dice: "È sola!", allora ti avvicini, la guardi e le dici: "Ciao, prendi qualcosa?", lei ti risponde: "Sì, prendo un taxi", e va a casa. Tu resti lì, da solo, a bere due o tre caffè e poi a leggere i fondi dei caffè. C'è scritto: DUE DI PICCHE.

Di pomeriggio vai al centro commerciale a comprare un po' di tonno. Chi vive da solo mangia molto tonno, in tutte le varianti: direttamente nella scatoletta, nel piatto, con aggiunta di fagioli, sul tappeto, con aggiunta di acari. Pregusti già l'amara e solitaria cena, quando andando a pagare noti la cassiera, carina, e le dici: "Ciao, quando smonti?", lei ti risponde: "MAI! PER TE NON SMONTO MAI!". Arriva il suo fidanzato, l'uomo della security, e rincara la dose: "SE VAI AVANTI COSÌ TI SMONTO IO! PER SEMPRE!".

Ci resti un po' male, ma tornando a casa una macchina ti tampona. A bordo c'è una MORETTONA, scende: "Come posso farmi perdonare?". Tu ci provi: "Potresti venire a mangiare una pizza con me!", lei dice: "Va bene, PERÒ DIMENTICHIAMO L'INCIDENTE!". Quella pizza ti costa duemila euro, attualmente pari a milleduecento scatole di tonno, unità di misura dei single. Perciò, per risparmiare, tu prendi una pizza margherita. Lei prende una pizza della casa con: pomodoro, doppia mozzarella, speck, tonno, carciofini, cetriolini, würstel, uovo... zebra. La mangia tutta eccetto la crosta, perché dice: "No, la crosta è pesante, non me la sen-

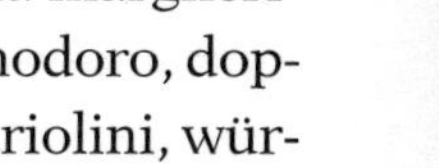

to...". Poi, a fine cena, ti fai coraggio e le chiedi: "E adesso, ti va di venire a digerire a casa mia?". Lei ci pensa per un lungo attimo e poi risponde: "SÌ!", e tu resti lì, bloccato, immobile per dieci, quindici minuti abbondanti. In pizzeria pensano che tu abbia avuto un ictus.

Ma è la tua grande occasione. Finalmente, dopo mesi e mesi, una donna sola, giovane, carina, disponibile a casa tua! Però casa tua è impresentabile, sommersa da rifiuti e detriti di ogni tipo, perciò la fai rimanere sul pianerottolo per tre minuti e in tre minuti NETTI riesci a lavare i piatti, rifare il letto, lavare il pavimento e staccare dai muri i calendari di Anna Falchi, Alessia Merz, Alessia Marcuzzi e Selen. Al loro posto metti quattro calendari uguali, di Frate Indovino. Quindi la fai entrare e le offri da bere. Le offri da bere l'unica cosa che hai in casa: un bicchiere di latte CAGLIATO. Chi vive da solo in casa ha esclusivamente latte CAGLIATO. Quindi la spogli, la baci, la tocchi e lei non oppone resistenza. Anzi, dice che ti trova bello ed eccitante, così deduci che il latte cagliato ha un effetto ALLUCINOGENO. Riesci anche a trovare il suo PUNTO G, impresa in realtà impossibile. Trovare il PUNTO G di una donna è più difficile che trovare ATLANTIDE, la città sommersa. Ma tu ce la fai! MIRACOLO! Anche Anna Falchi, Alessia Merz, Alessia Marcuzzi e Selen escono per un attimo dai loro calendari e dicono: "Anche noi! Anche noi!". Anche Frate Indovino esce dal suo e dice: "Anch'io! Anch'io!".

Quindi è lei che ti spoglia, ti bacia, ti tocca, e tu resti lì col tuo... orgoglio maschile... in posizione d'attesa. Né troppo su, né troppo giù. Dopo tanti anni passati con la stessa donna deve riabituarsi all'idea di un'altra donna, deve capire se anche quella che ha davanti è una donna, oppure no. A volte si protende, a volte si ritrae. Nel complesso non ci fa una bella figura. Ci fa una figura PENOSA. Ma lei lo FRULLA, lo MACERA, lo SBOLLENTA, come una vera CUOCA del *KAMASUTRA*, e allora anche LUI capisce ed è lì, alto, bello, svettante... abbastanza svettante, finalmente pronto per il grande evento! Allora vai in bagno a cercare i preservativi, fra le scatole di tonno: non li trovi; vai in cucina a cercare i preservativi, fra le scatole di tonno: non li trovi; vai in soggiorno a cercare i preservativi, fra le scatole di tonno: non li trovi. Perciò le dici: "Senti, mangiamo un po' di tonno!". Invece i preservativi li ha lei, di tutti i tipi: sottili, super-sottili, resistenti, super-resistenti, ritardanti per lui, ritardanti per lei, in orario per tutti e due; alla fragola, alla menta, alla papaya, al kiwi, al melone, ma, soprattutto, al TONNO!

E finalmente, dopo il minimo necessario di preliminari (togliersi i pantaloni), sei pronto per tornare a fare l'amore e lo fai per UNA VOLTA! DUE VOLTE! TRE VOLTE! Basta... fai una pausa per mandare un messaggio alla tua ex con scritto: "Sto facendo l'amore con un'altra!", per rigenerarti, mangiando un po' di tonno, per accendere un cero a Rocco Siffredi e sei ancora pronto a ricominciare a fare l'amore e a farlo ancora per UNA VOLTA... e mezza!

Apri le finestre delle tua stanza e fuori ci sono tutti gli abitanti del tuo quartiere che dicono: "SEI UN MITO! SEI UN MITO!", le chiudi e le riapri, con tutte le

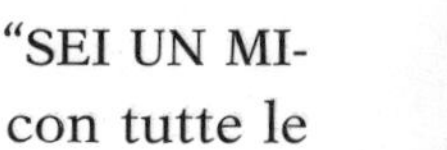

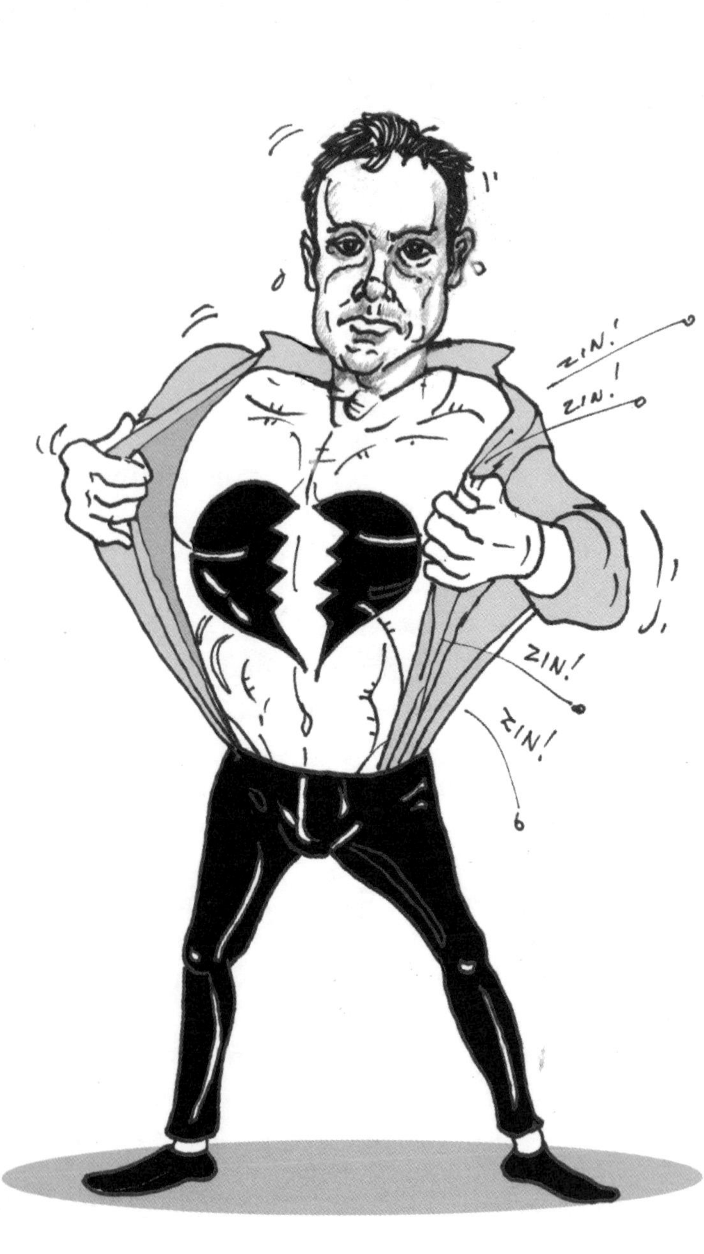
ZIN!
ZIN!
ZIN!
ZIN!

donne del tuo quartiere che urlano: "SEI UNO STALLONE! SEI UNO STALLONE!", le chiudi e le riapri, con tutti gli anziani del tuo quartiere che gridano: "SEI UN DROGATO! SEI UN DROGATO!", ma tu ti senti finalmente un uomo NUOVO, LIBERO e RINATO.

Almeno, fino al prossimo amore.

Avendo vissuto, come ho raccontato in questa prima parte del libro, così tante situazioni complicate sia dal punto di vista fisico che da quello psicologico, non potevo che cercare di utilizzare il palco come terapia, trasformandolo nel luogo ideale per sedute di analisi e di...

IPNOSI

...esperienza per la quale voglio ringraziare il terapeuta Claudio Bisio, poi Stefano Covri, musicista e uomo che piace alle donne, Marco Del Conte e Antonio De Luca, autori e amici, e tutto lo staff di *ZELIG*.

Parte seconda

IPNOSI

Riversolazza

LA NASCITA

Leonardo, dove ti trovi in questo momento?

Sono in un posto buio, scuro, ACQUOSO, molto ACQUOSO: sto per nascere. Il medico segue tutta la procedura alla lettera, infatti si è laureato per corrispondenza...

Com'è il posto?

Acquoso, molto acquoso... sto per lasciare quel posto acquoso da cui sentivo tutto: mia madre, che voleva chiamarmi ROMANO, mio padre, che voleva chiamarmi BRESCIANO e mio nonno, che per metterli d'accordo tutti e due voleva chiamarmi CENTRONORD.

Ricordi come sei stato concepito?

Sono stato concepito mentre una notte sulla spiaggia mio padre suonava la chitarra... Suonava così male che mia madre, pur di farlo smettere, quella notte fece l'amore con lui... e ora mio padre è INQUIETO, molto INQUIETO, perché quella notte sulla spiaggia non era l'unico che suonava così male, ce n'erano parecchi...

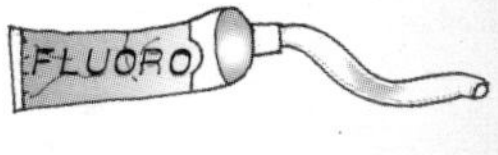

Che tipo era tuo padre?

Pensava sempre alle donne, pensava così tanto alle donne che se gli facevano l'encefalogramma al posto delle curve normali sarebbero uscite quelle di Marilyn Monroe! Però a mia madre piaceva perché aveva un bellissimo sorriso e dei denti bianchissimi...

Perché?

Perché li lavava più volte al giorno con un dentifricio al FLUORO... aveva i denti così bianchi che, quando andava dal dentista, il dentista gli tagliava i capelli!

Vai avanti: cosa succede?

Mi sento scivolare verso il basso, sto per entrare in un mondo dove spero ci sia almeno qualcosa da mangiare, latte, pappa, magari un omogeneizzato, omo-geneiz-za-to, ci vuole più tempo a dirlo che a mangiarlo: OMOGENEIZZATO... quando il bambino riesce a dirlo è già padre... OMOGENEIZZATO... ce n'è di tutti i tipi, alla frutta, alla verdura, alla volpe, al tacchino, al tappino, per i bambini che succhiano le biro...

Ma soprattutto...

Al FLUORO! C'è anche al gusto SANGUISUGA: se un bambino mangia un omogeneizzato al gusto sanguisuga poi da grande diventa COMMERCIALISTA.

E tu vuoi un omogeneizzato...

Al... gusto pizza, pizza margherita, pizza napoletana, pizza margherita con la mozzarella di bufala, una pizza molto acquosa... ADRIANA! ADRIANA!

Chi è Adriana?

È la cameriera della pizzeria Bella Napoli, perché Napoli è veramente bella, ma se vedi Napoli e poi muori allora preferisco vedere Piacenza, Parma, Modena, Ascoli Piceno, ceno ad Ascoli Piceno, ma non da solo...

Con chi?

Con Adriana! Tutti e due stesi sul letto a mangiare un dentifricio al FLUORO e poi a lavarci i denti con un omogeneizzato...

Ormai stai per nascere...

Sì, e sento un bruciore su su per il naso: è la prima aria che respiro, faccio "UÈ UÈ", accanto a me c'è un bambino napoletano che fa "UEEÈ UEEÈ"...

Poi?

Uno francese che fa "OUI OUI", uno tedesco che fa "JA JA" e uno che salta su e giù per la culla e fa "YO YO" e uno che grida "ADRIANA! ADRIANA! Portami un calzone al FLUORO con doppia mozzarella di sanguisuga"...

Com'è il calzone?

Acquoso, molto acquoso... poi qualcuno dice: "È NATO"... io piango, mia madre piange, tutti in ospedale piangono, perché mio padre per festeggiare si è messo a suonare. Però siamo felici. E questo è tutto.

Ricordi qualcos'altro?

Solo tre parole: sole, cuore, fluoro. Tutto il resto è nebbia.

L'INFANZIA

Leonardo, riesci a ricordare chi sei?

Il mio nome è LEONARDO ANTINIO. ANTINIO perché quando nacqui l'impiegato dell'ufficio anagrafe capì male, invece di ANTONIO scrisse ANTINIO, che poi mi restò per sempre. Abitavo insieme a mio padre LUCINO (in realtà LUCIANO), a mia madre FEDERACCA e a mio fratello CURLO, tutti con lo stesso problema. Al piano di sopra abitava il signor Mario, l'impiegato sordomuto dell'ufficio anagrafe...

Ricordi qualcosa di tua madre?

Mia madre passava tutto il giorno sui fornelli, poi di sera li accendeva e cominciava a cucinare. Preparava tutto dall'inizio alla fine: la maionese fatta in casa, la salsa verde fatta in casa, la salsa tonnata fatta in casa, andando personalmente a pescare il tonno. Riusciva anche a pescare il TONNO INSUPERABILE: usava l'AUTOVELOX.

E tu che tipo di bambino eri?

Ero un bambino TIMIDO, molto TIMIDO. Ero così timido che quando il maestro faceva l'appello, per timidezza, non riuscivo nemmeno a dire: "PRESENTE". Preferivo dire: "NON ASSENTE". Poi il maestro ci faceva dire le preghiere, ci faceva prendere le pastiglie di FLUORO per i denti, FLUORO tutti i giorni. Ero diventato FLUORESCENTE. Poi di notte avevo gli incubi, sognavo di avere trecentoventi denti, ma tutti cariati. Praticamente denti da latte macchiato.

E poi cosa succedeva?

Il maestro insegnava tutte le materie, aveva anche il potere di infliggerci punizioni corporali, e i nostri genitori dicevano sempre: "Ha fatto bene!", anche se non sapevano il perché. Però quando il nostro maestro ci picchiava, sotto c'era sempre un MOTIVO: di solito, la COLONNA SONORA DI *ROCKY*. Poi il maestro gridava: "ADRIANA! ADRIANA!", e Adriana, la bidella, veniva a medicarci. Invece i miei genitori non hanno mai alzato le mani su di me, tranne una notte in cui non riuscivo a dormire, piangevo e mio padre disse a mia madre: "O gli diamo dei sonniferi, o lo riempio di botte!". Mia madre rispose: "No, i sonniferi no che gli fanno male!".

Quali erano i tuoi desideri di bambino?

Da bambino avevo solo due desideri, il primo era che a scuola arrivassero i pidocchi, perché quando arrivavano i pidocchi non c'era lezione: scuola chiusa per pidocchi. L'italiano, la matematica, la storia, la geografia,

Garibaldi e i Mille, tutti si arrendevano di fronte ai pidocchi. Non importa se poi per eliminare quei pidocchi dalla mia testa ero costretto a sopportare pettinini fitti e invadenti che mia madre faceva penetrare per almeno un centimetro dentro al CUOIO CAPELLUTO, disinfettando poi il tutto con NAPALM e DDT... e anche un po' di FLUORO! Le mamme di una volta per l'igiene del figlio avrebbero sacrificato il figlio stesso!

Qual era l'altro desiderio?

Era che arrivasse il Natale, perché mi piacevano le statuette del presepe, con tutti i pastori che vanno alla grotta continuando a mantenere le proprie occupazioni: mungere la mucca, tosare la capra, mietere il grano e gridare: "ADRIANA! ADRIANA!". Era come se dicessero: "Sarà anche nato il Salvatore, ma prima di mollare tutto e seguirlo, vediamo almeno il suo programma!". Poi la mattina di Santo Stefano mi svegliavo e ricordavo solo tre parole...

Quali?

Sole, cuore, fluoro. Tutto il resto è nebbia.

ADRIANA!

IL PRIMO GIORNO DI SCUOLA

Leonardo, dove sei in questo momento?

Sono triste, CUPO, molto CUPO: è il mio primo giorno di scuola. Per non spaventarmi i miei genitori mi hanno detto che mi stanno portando a farmi togliere le tonsille…

Da chi?

Dall'OTORINOLARINGOIATRA… oto-ri-no-la-ringoia-tra… ci vuole più tempo a dirlo che a farsi togliere le tonsille… quando il bambino riesce a dirlo è già padre... ha già un figlio a cui far togliere le tonsille… Adriana! Adriana!

Chi è Adriana?

È la maestra: la mia è una classe con molti bambini difficili, alcuni sono accompagnati dalle mamme, altri direttamente dall'avvocato, più che la pagella temono la parcella…

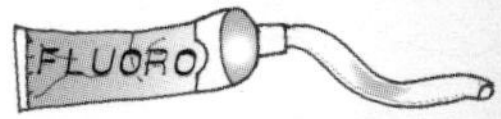

Com'è la classe?

È una classe difficile, è una classe così difficile che sulle pareti dell'aula non c'è solo il crocifisso, ma tutta la via crucis! E sulle pareti del bagno c'è scritto: VIVA BARABBA! BARABBA! BARABBA!

Com'è l'aula?

Ha le pareti secche, scrostate, invece quelle del bagno sono umide, acquose, c'è anche una rana che fa "CRA CRA", due rane che fanno "CRA CRA", mille rane che fanno "CRA CRA", poi c'è anche un ippopotamo...

Cosa fa l'ippopotamo?

Fa "CRA CRA" anche lui, perché si è fatto prendere la mano...

E poi cosa succede?

L'ippopotamo mi carica, cado a terra, il viso mi si gonfia, potrei dividerlo e farne due, che poi si dividono e diventano altri due, che poi si dividono e diventano altri due, alla fine non riesco più a entrare in bagno perché ce ne sono... altri due...

E cosa succede?

Fanno un DUEllo, ne resta uno, entro e gli chiedo: "Cosa fai?", lui mi risponde "CRA CRA": è Giovanni RANA, per merenda vuole i tortellini di vitello, di mandrillo, di grillo, di cicala... DOTTOR CICALA! DOTTOR CICALA!

Chi è il dottor Cicala?

È il mio promotore finanziario, mi ha fatto investire tutti i risparmi nella NEW ECONOMY: dopo tre mesi avevo perso il trenta per cento, ma lui mi diceva: "RIMANI, RIMANI", dopo sei mesi avevo perso il sessanta per cento, ma lui mi diceva: "RIMANI, RIMANI", dopo un anno avevo perso tutto, lui mi ha detto: "MMM, CI SEI RIMASTO!".

Ma tu sei in prima elementare...

Sì, la maestra Adriana entra e fa subito l'appello: bisogna rispondere PRESENTE quando si viene chiamati, PASSATO se si viene saltati e FUTURO se si hanno delle aspettative. Poi Adriana ci insegna l'alfabeto:

A come Adriana

D come dottor Cicala

F come Fluoro

E come "Eh, come è bella la Puglia...".

Cosa c'entra la Puglia?

Adriana è pugliese, ha i denti bianchi, bianchissimi, perché li lava per tutta la ricreazione con un dentifricio al FLUORO che li mantiene sani come PESCI: la pasta del CAPITONE, però ha i capelli neri, gli occhi neri e il naso a pois, pieno di punti neri, che ormai non sono più punti, sono zone, sono quartieri neri, infatti quando si soffia il naso, il naso fa: BRONX...

L'anno come procede?

Adriana sogna di tornare in Puglia, perciò nella recita di Natale i Re Magi portano oro, incenso e cime di rapa...

E poi?

Adriana va a insegnare in Puglia, ma sogna di tornare a Milano, perciò nella recita di Natale i Re Magi portano oro, incenso e cassoela...

E poi?

Poi Adriana smette di insegnare e apre il ristorante I Tre Re Magi, dove serve solo cime di cassoela e cassoela di rapa... con contorno di FLUORO...

E l'anno come finisce?

Alcuni prendono OTTIMO, altri BUONO, altri ancora BUONO A NULLA, e sono gli unici che nella vita faranno strada. E questo è tutto.

Ricordi qualcos'altro?

Solo tre parole: sole, cuore, fluoro. Tutto il resto è nebbia.

LA PRIMA COMUNIONE

Leonardo, dove sei in questo momento?

È una giornata VVVENTOSA, molto VVVENTOSA... è il giorno della mia prima comunione, e io sono INQUIETO, molto INQUIETO, perciò ho preso di nascosto dei tubetti interi di tranquillanti, poi in chiesa ho delle visioni, vedo il prete che al posto di cantare "Alleluia alleluia" canta le canzoni dei Sex Pistols... e poi dice: "ADRIANA! ADRIANA!".

Chi è Adriana?

È mia madre, vestita con un completo color fucsia che piange perché è il giorno della mia prima comunione; mio padre è vestito con un completo ocra e piange perché è il giorno della mia prima comunione; anch'io piango, perché vedo come sono vestiti i miei genitori...

E tu come sei vestito?

Ho una giacca marrone, una cravatta marrone, pantaloni alla zuava marroni, anche i denti marroni,

perché li lavo con un dentifricio senza FLUORO, un dentifricio al caffè, così il tartaro non se ne va, però almeno comincia a innervosirsi...

Sei tutto...

Sono tutto marrone e tutto sudato, perché mia madre, anche se è maggio, ha paura che io prenda freddo, perciò sotto al vestito mi ha fatto mettere una maglietta intima molto pesante, lana fuori e MONTONE dentro.

Ma la giornata è...

Vvventosa, molto vvventosa... c'è così tanto vento che il riporto di mio padre si disfa, i capelli gli ricadono sulle tempie, da una parte li ha lunghi normali, dall'altra gli arrivano fino alle caviglie, perciò si verifica il primo caso di forfora nei mocassini!

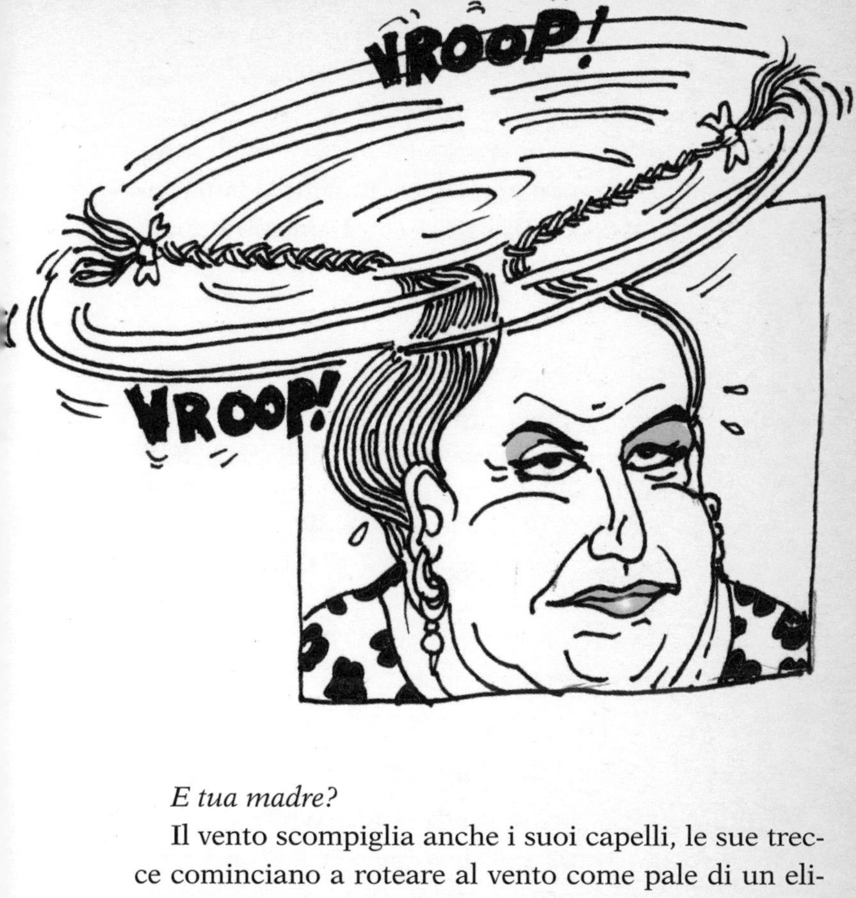

E tua madre?

Il vento scompiglia anche i suoi capelli, le sue trecce cominciano a roteare al vento come pale di un elicottero, mia madre si solleva, il prete grida: “Miracolo! Miracolo!”, poi di colpo il vento cessa, mia madre crolla addosso al prete che come penitenza le dà dieci Ave Maria e una dieta dimagrante... Finché arriva il momento della prima comunione.

E tu cosa provi?

Prometto di essere più buono, d'ora in avanti se qualcuno mi dà uno schiaffo non solo gli offro l'altra guancia, ma gli offro anche un caffè, e se non gli piace il caffè gli offro un tè, e se non gli piace il tè gli offro un tamarindo, e se non gli piace nemmeno il tamarindo gli do una MANICA DI BOTTE, così almeno impara a tenere le mani a posto! Bastardo!

Calmati!

Poi esco dalla chiesa e tutti i parenti mi danno i regali, mia zia mi regala una catenina, però mi dice che devo regalarne altre dieci uguali a dieci amici, perché è una catenina di Sant'Antonio; mio zio Vito mi regala un orologio svizzero, io gli chiedo: "È SVIZZERO PERCHÉ È PRECISO?", lui mi risponde: "NO, È SVIZZERO PERCHÉ È DI CIOCCOLATA". Poi me lo dà in mano e dice: "MANGIA CHE È BUONO, MANGIA CHE È BUONO!", e poi saliamo in macchina...

E dove andate?

Andiamo al ristorante, guida mio zio Vito: trenta all'ora BRUM BRUM, quaranta all'ora BRUM BRUM, ottanta all'ora BRUM BRUM, poi ci fermano i carabinieri e gli ritirano la patente perché siamo sulla pista ciclabile, perciò andiamo a piedi a mangiare da Ciccio, trattoria familiare, infatti se non sei suo parente non mangi...

E cosa mangiate?

Risotto alla milanese, saltimbocca alla romana, pastiera napoletana, cassata siciliana, poi invece di digerire cantiamo l'inno di Mameli! Zio Vito dice a tutti: "MANGIA CHE È BUONO, MANGIA CHE È BUONO!"; mio nonno, credendo che sia una crocchetta, mangia anche un tappo di sughero, poi si versa un bicchiere di vino e dice: "Eh, questo vino sa di crocchetta...". Poi torno a casa, ma non riesco a dormire...

E allora cosa fai?

Per cercare di dormire conto le pecore, ma sono fuori al pascolo e devo aspettare due ore che rientrino. Poi finalmente mi addormento e quando mi risveglio ricordo solo tre parole...

Quali?

Sole, cuore... MANGIA CHE È BUONO, MANGIA CHE È BUONO! Tutto il resto è nebbia.

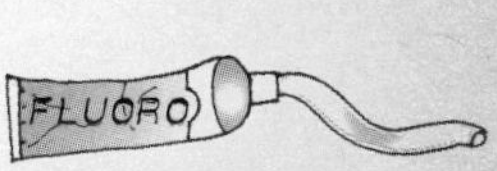

IL MATRIMONIO DI MIO FRATELLO

Leonardo, dove sei in questo momento?

È luglio e sono in un posto CHIUSO, è una CHIESA, è il matrimonio di mio fratello Ernesto... ci sono così tanti invitati che il prete deve ripetere la cerimonia due volte...

Quanti invitati ci sono?

Secondo gli sposi 500, secondo la questura 27, secondo mio padre, che paga il pranzo, sono comunque troppi...

Come sono arrivati tutti i parenti?

I più lontani su un treno speciale: il treno era caldo, affollato, bollente BLUBLUP BLUP, molto bollente BLUBLUP BLUBLUP, ogni tanto qualcuno si sentiva male, poi arrivava il controllore e invece di controllare i biglietti controllava la pressione, e se a qualcuno il cuore batteva troppo veloce gli faceva pagare il supplemento rapido... ma io sono INQUIETO, molto INQUIETO...

Perché sei inquieto?

Perché rivedendo mio fratello che si sposa ripenso alla nostra infanzia, e a mia madre che ha sempre preferito lui fin da quando eravamo piccoli; quando è nato lui mia madre ha detto: "È un dono di Dio", quando sono nato io: "È un errore della Madonna!".

Ha sempre preferito lui...

Sì, anche quando abbiamo cominciato ad andare alle elementari, che mia madre a mio fratello diceva: "Quando esci da scuola prima di attraversare la strada stai attento, aspetta che il vigile ti faccia il segno", a me invece diceva: "Fai un bello scherzo al vigile!".

E tuo padre?

Mio padre litigava con me, poi andava al bar a bere un brandy, mio padre litigava con mio fratello, poi andava al bar a bere un cognac, mio padre litigava con mia madre, poi andava al bar a bere un whisky: più mio padre litigava con noi più andava d'accordo col barista...

Ma tu sei al matrimonio di tuo fratello...

Sì, lui è DUBBIOSO, molto DUBBIOSO, però si sforza di sorridere, ma i denti sono tutti neri, perché li lava con un dentifricio senza FLUORO, in compenso le gengive sono infiammate, tutte rosse: ogni volta che mio fratello apre la bocca si vede la maglia del Milan... ADRIANA! ADRIANA!

Chi è Adriana?

Adriana è la sposa, nella vita fa il giudice, infatti, oltre ai testimoni, ha portato anche gli imputati. Mio fratello, invece, appena la vede diventa subito un pentito… finché comincia la cerimonia…

E com'è la cerimonia?

Commovente, molto commovente, alcuni hanno gli occhi lucidi, altri piangono, mio fratello si dispera, ci sta quasi ripensando, ma il prete lo minaccia perché è un ex bandito, infatti al posto delle offerte chiede il pizzo, al posto dei chierichetti ha i picciotti e per ricordare il suo passato ha messo un organo a canne mozze… Le dimensioni dell'organo durante la messa col passare dei minuti aumentano vistosamente, perché la funzione sviluppa l'organo!

E poi cosa succede?

La sposa dice "Sì!", lo sposo dice "Sì"… poi il prete li dichiara marito e moglie, e un attimo dopo lei comincia a decadere fisicamente, ma mio fratello si lancia in un complimento, le dice: "Amore, non è il tuo seno che cade, sei tu che diventi più alta!", poi alcuni tirano manciate di riso!

Poi?

Manciate di pasta!

Poi?

Manciate di FLUORO! C'è così caldo e umido che

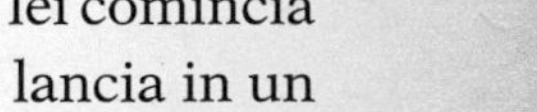

quando il riso tocca terra è già cotto, perciò si pranza direttamente sul sagrato...

Che cosa?

Sei antipasti, sette primi, quattordici secondi, ventisette sorbetti, frutta, torta nuziale, idraulico liquido e caffè. Mio zio Vito dice: "MANGIA CHE È BUONO, MANGIA!". Mio nonno, credendo che sia un biscottino, mangia anche un sottobicchiere di sughero e poi dice: "Non ci sono più i sapori di una volta", finché poco alla volta tutti se ne vanno...

E te ne vai anche tu...

Sì, torno a casa mia e per cercare di dormire conto le pecore, ma più le conto più le pecore aumentano, l'idea di contarle tutte mi angoscia, mi fa perdere il sonno, vedo anche il pastore che mi dice: "Le devi contare tutte, bastardo!". Allora capisco che in certe occasioni non si può dormire, ma solo stare svegli e ricordare...

Che cosa?

Solo tre parole: sole, cuore, fluoro. Tutto il resto è nebbia.

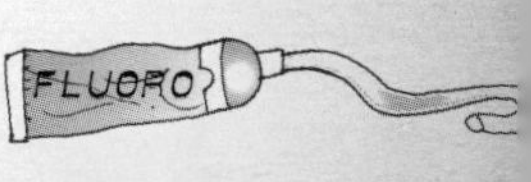

L'ESAME DI GUIDA

Leonardo, dove sei in questo momento?

Sono inquieto, è una giornata ACQUOSA e sono inquieto perché è il giorno del mio esame di guida. Nella mia famiglia hanno tutti la patente: mia madre ha la patente A, mio padre ha la patente C e mio zio di Cagliari ha la patente O, infatti quando parla dice: "LA PATENTE HO...". Ma sono INQUIETO, molto INQUIETO...

Perché sei inquieto?

Sono inquieto perché sono assillato da manovre, parcheggi, inversioni di marcia: se sono complete sono inversioni a U, se sono a Roma sono inversioni AHO, se sono a Cagliari sono inversioni AYO... Adriana! Adriana!

Chi è Adriana?

È la mia esaminatrice, ha la pelle un po' rossa, i capelli gialli, gli occhi verdi: praticamente un semaforo... però ha i denti bianchi, splendenti, fluorescenti, perché è una maniaca dell'igiene ORALE e anche di

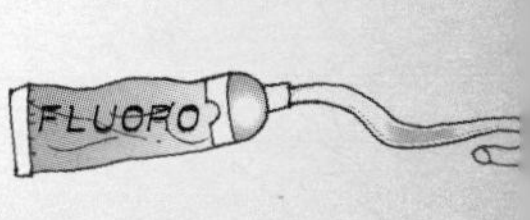

quella SCRITTA, infatti anche dentro la stampante al posto dell'inchiostro ha messo del dentifricio al FLUORO: può scrivere tutto tranne TARTARO, perché se scrive tartaro col dentifricio al FLUORO scatta la correzione automatica...

Come ha i denti?

FLUORESCENTI! Come dentifricio non usa la pasta del capitano, ma la PASTA DEL MAGISTRATO, che non solo elimina il tartaro, ma poi lo porta anche sul dente del giudizio e lo processa...

Ma tu stai per dare l'esame e sei...

INQUIETO, molto INQUIETO... accendo la mia macchina: SCIC E SCIC E TANCO SCIC E SCIC E TUM... è una RITMO... è una RITMO ecologica, infatti dentro ci sono animali di ogni tipo: acari, scarafaggi, pidocchi... ci sono così tanti parassiti che anche il mio cane piuttosto di salire in macchina con me preferisce farsi dire dove sto andando e poi raggiungermi col TRENO...

Ma Adriana sale...

Sì, e acari, scarafaggi e pidocchi scendono e gareggiano con me, BRUM BRUM supero gli acari, BRUM BRUM supero gli scarafaggi, BRUM BRUM non riesco a superare i pidocchi...

Perché?

Perché i pidocchi sono sempre in testa... Ma io sono INQUIETO, molto INQUIETO...

Perché?

Perché nell'ansia della gara sono finito su una AIUOLA, AIUOLA, Adriana dice: "AHI AHI", i pidocchi fan la OLA, io continuo a dire "AIUOLA" finché dall'autoradio si materializza Gianluca Grignani che canta *TI RASERÒ L'AIUOLA*, alla fine arrivano i carabinieri e lo arrestano, perché a forza di rasare AIUOLE l'hanno trovato pieno di ERBA...

E tu cosa fai?

Canto: TI RASERÒ LA IOLE!

Chi è la IOLE?

La IOLE è una mia cugina che ha sempre avuto problemi di peli superflui, soprattutto in faccia: lei si depilava ma i peli ricrescevano, infatti al posto del viso aveva un VISONE...

E Adriana cosa fa?

Mi fa delle domande di teoria: "A cosa serve la frizione?".

A cosa serve?

A rinforzare i capelli... finché c'è qualcosa da rinforzare...

E Adriana ti dà la patente?!

Sì, alla fine ADRIANA mi dà la patente BA...

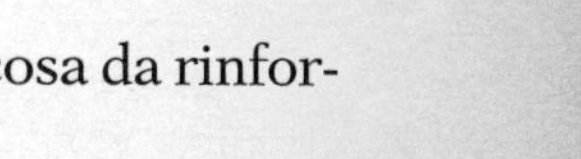

La patente B...

No, la patente BA, infatti quando gli altri vedono come guido, sconcertati dicono: "BAH!". Poi se ne vanno, se ne vanno via tutti, se ne va anche Adriana e io resto lì da solo a fissare l'AIUOLA. E questo è tutto.

Ricordi qualche altra cosa?

Solo tre parole: sole, cuore, fluoro. Tutto il resto è nebbia.

L'APPUNTAMENTO CON ADRIANA

Leonardo, dove sei in questo momento?

Sono in un posto decadente, malconcio, CALIGINOSO, molto CALIGINOSO: la mia macchina... è così lenta che l'unica volta che ha superato il limite di velocità era trainata da un carro attrezzi... è così stanca che quando arriva al semaforo dice: "Speriamo che sia rosso!".

Cosa vedi intorno a te?

Macchine sempre più grandi e potenti: AUDI, AUDI A4, AUDI A4 QUATTROXQUATTRO... praticamente una tabellina... MERCEDES: BRUM BRUM, BMW: BRUM BRUM, LAMBORGHINI: BRUM BRUM, la mia: CRICK CRACK... ma tutte ferme, in coda, con la radio accesa...

Cosa c'è alla radio?

La pubblicità: dov'è la festa? È qui la festa, l'INGHIPPO... discoteca l'INGHIPPO: per la donna ingresso omaggio, biglietto uomo settantacinque euro... ma tutto è bloccato, tutto è OCCLUSO intorno a me...

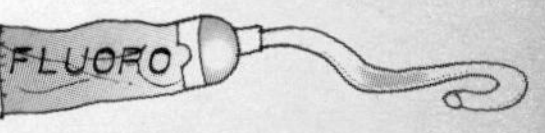

BRINDISI

Perché non prendi i mezzi pubblici?

Perché tutto è OCCLUSO anche lì, sono tutti stretti come sardine, stretti più di sardine, dalla borsa della spesa di una signora si materializza una vera sardina e vedendo tutti così stretti dice: "Ayo! Che densità!", perché le sardine parlano un po' in sardo! ADRIANA! ADRIANA!

Chi è Adriana?

Sto andando da lei, è la mia fidanzata, perciò mi sono lavato i denti con un dentifricio al FLUORO, poi mi sono lavato i capelli con uno shampoo alla PAPAYA, poi mi sono lavato anche i capelli con il dentifricio al FLUORO e mi sono lavato i denti con lo shampoo alla PAPAYA, così sulla lingua non c'è forfora, però ai canini vengono le doppie punte, per mordere ADRIANA!

Com'è la situazione?

OCCLUSA, molto OCCLUSA, il nervosismo SERPEGGIA, volano parole grosse...

Tipo?

ACCALAPPIACANI, CARBOIDRATI, ATORINOLARINGOIATRA...

OTORINOLARINGOIATRA!

No! ATORINOLARINGOIATRA! È un medico piemontese!

E poi cosa succede?

C'è un IMBOTTIGLIAMENTO generale, poi uno STAPPAMENTO generale e un BRINDISI di gruppo, alla fine

arriva la polizia e arresta tutti per guida in stato di ebbrezza, ma io scappo con il GOMMONE di uno scafista che è arrivato appena ha sentito BRINDISI, lo scafista mi porta sotto casa di Adriana, poi se ne va con Valeria Marini scambiandola per il GOMMONE...

Sei sotto casa sua...

Sì, sono sotto casa sua: quindici minuti TIC TAC TIC TAC, trenta minuti TIC TAC TIC TAC, settantacinque minuti TIC TAC TIC TAC, tre ore e tre quarti TIC TAC TIC TAC, poi smetto di giocare con le lancette e lei scende puntuale... puntuale come una cartella esattoriale... DOTTOR CICALA! DOTTOR CICALA!

Chi è il dottor Cicala?

È il mio consulente finanziario, mi ha fatto investire tutti i miei risparmi in titoli argentini, dopo tre mesi avevo perso il trenta per cento, ma lui mi diceva: "ABBI PAZIENZA, ABBI PAZIENZA", dopo sei mesi avevo perso il sessanta per cento, ma lui mi diceva: "ABBI PAZIENZA, ABBI PAZIENZA", dopo un anno avevo perso tutto e lui mi ha detto: "BE', PAZIENZA!".

Ma Adriana scende?

Sì, Adriana non è molto bella, più che aprirle la portiera vorrei aprirle il BAULE, però ha vinto il concorso di bellezza indetto da Radio Maria: MISS CREDENTE... Prima andiamo a vedere il mio film preferito: MEZZOGIORNO DI FLUORO...

FRIIINN!
FRIIINN!
FLUORO

E poi?

Poi la riaccompagno a casa e cerco di baciarla, ma lei mi dice: “No, per stasera fermiamoci qui”, allora io torno a casa da solo col sorriso sulle labbra, la morte nel cuore e il funerale nelle mutande...

Sei molto cupo...

Sì, torno a casa con un diavolo per capello, perciò non sono molto arrabbiato, perché di capelli ne ho pochissimi. E questo è tutto.

Ricordi qualcos'altro?

Solo tre parole: sole, cuore, fluoro. Tutto il resto è nebbia.

INCUBO!

Leonardo, dove sei in questo momento?

In un posto buio, scuro, caliginoso: casa mia... c'è così tanta polvere che perfino gli acari starnutiscono... Adriana! Adriana!

Chi è Adriana?

È la mia ex, viveva con me, facevamo tutto insieme: ci lavavamo i denti con un dentifricio al FLUORO, facevamo i gargarismi con un collutorio al FLUORO, la nostra vita era tutta rose e FLUORO... Adriana diceva che non poteva stare lontano da me, infatti poi si è messa col mio vicino di casa...

Adesso come stai?

Sono agitato, non riesco a dormire, per cercare di dormire conto le pecore, ma le pecore non bastano, allora conto anche le mucche, ma non bastano neanche le mucche, allora conto le capre, ma non bastano neanche le capre, allora conto Arancio, che non dormo lo stesso, però almeno prendo un po' di interessi sul conto corrente!

MAIC
KOCK

E poi cosa fai?

Conto i promotori finanziari, le sanguisughe, gli elefanti, le zebre, gli gnu, i coguari, i tonni...

Quali tonni?

Tonni con le pinne gialle, tonni con le pinne rosse, tonni con le pinne a sfera, tonni con le pinne, fucili e occhiali, con un unico scopo...

Quale?

Pescare ADRIANA! Ma Adriana non c'è, allora dopo aver censito tutto il mondo animale prendo due tubetti di psicofarmaci e dormo...

E sogni?

Sì... nel mio sogno casa mia è come al solito, piena di polvere e PILE di piatti da lavare... PILE di piatti da lavare dappertutto, che non so più dove mettere... penso magari nella radio...

Perché?

Perché sono PILE... se una pila è grande è una pilona, se una pila è piccola è una pilina, se a una radio si toglie la pila si DEPILA e poi non trasmette più le canzoni di PIERO PELÙ.

Ma... come continua il sogno?

Schiocco le dita e tutta la polvere se ne va da sola dalla finestra, e mentre se ne va lava anche i vetri, mentre gli acari fanno la ola...

Poi?

Schiocco le dita e su ogni piatto da lavare compaiono due braccini, tutti i piatti si lavano da soli e sul retro di ogni piatto compare anche una lettera, fino a formare una parola...

Quale?

FLUORO!

E poi?

Poi dalla porta entrano Anna Falchi, Alessia Merz e Alessia Marcuzzi vestite solo di maionese, salsa cocktail e salsa tonnata...

Di cosa?

Maionese, salsa cocktail e salsa tonnata e mi dicono: “Fai di noi quello che vuoi”... io rispondo: “Per prima cosa una doccia!”, così posso spiarle dal buco della serratura, e per spiarle meglio faccio mille buchi della serratura, ormai non è più una porta, è una fetta di GRUVIERA, GRUVIERA...

Di cosa?

Di gruviera, gruviera, dal gruviera si materializza anche Selen vestita solo di squacquerone, la casa non è più caliginosa, è tutta una fragranza di gruviera e squacquerone... per fare il formaggiaio bisogna essere un esperto di scioglilingua... Sto per fare l’amore con tutte e quattro quando suona la sveglia: BRIE, BRIE! Il sogno diventa un incubo: Anna Falchi, Alessia Merz,

MERZ
MARCUZZI
FALCHI
SELEN
FLUORO

Alessia Marcuzzi e Selen si trasformano tutt'e quattro contemporaneamente in Umberto Bossi, la polvere rientra in casa ricoprendomi di nero, Bossi vuole farmi espellere da casa mia come immigrato clandestino e i braccini dei piatti mi salutano facendomi le corna!

E ti svegli?

Sì, di soprassalto, poi dico: "Adriana, piuttosto che tornare con te passo col rosso davanti a una pattuglia di carabinieri, mi fermo, gli racconto una barzelletta sui carabinieri, poi prendo le ferie e gliela spiego!". E questo è tutto.

Ricordi qualcos'altro?

Solo tre parole: sole, cuore, fluoro. Tutto il resto è nebbia.

AGOSTO

Leonardo, dove sei in questo momento?

È agosto, sono in città, è una giornata bollente BLUBLUP, molto bollente BLUBLUP... c'è anche un grillo che fa: "CRI CRI, CRI CRIbbio che caldo!". ADRIANA! ADRIANA!

Chi è Adriana?

È la mia ex fidanzata, ci siamo appena lasciati, lei era svizzera, poi è venuta a vivere con me, ma era pedante, irritante, così irritante che quando se n'è andata dalla Svizzera anche l'Emmenthal per la gioia ha smesso di bucarsi...

E tu sei in città da solo...

Sì, in città sono rimasti solo il mio dentista e il mio commercialista: per farmi male uno deve avvicinarsi, l'altro basta che mi telefoni; io invece non posso chiamare nessuno, perché mi hanno staccato il telefono...

Perché te l'hanno staccato?

Perché sono due anni che non pago la bolletta, or-

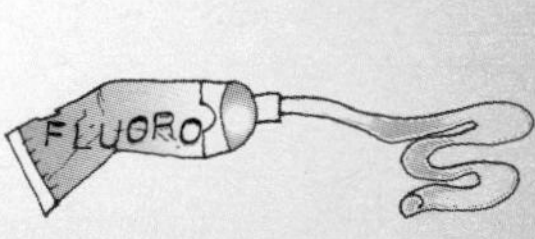

mai quando alzo la cornetta non si sente più il suono del telefono, si sente l'impiegata della Telecom che dice: "Devi pagare, bastardo!".

Ma tu sei rimasto da solo in città...

Sì, allora decido di partire da solo per il mare, metto in valigia tutto il necessario, pinne, fucile e occhiali da presbite e da miope, così posso pescare da vicino e da lontano, poi metto in valigia anche delle LANCETTE per pescare le ORATE e del dentifricio al FLUORO per pulire i DENTICI, poi parto con la mia macchina...

Che macchina hai?

Una 127 "Rustica", macchina strana col volante in finta pelle, i sedili in finto cuoio, il motore in finto motore; è in pessime condizioni, infatti quando passa per strada gli autostoppisti abbassano il pollice!

Ma tu arrivi al mare...

Sì, sono in un posto esotico, Porto Recanati, pensione del Passero Solitario; mi danno una stanza cupa, molto cupa, il pavimento è in LINOLEUM, le pareti sono ACQUOSE e il materasso è sfondato, infatti quando mi sdraio sul letto non si sente il cigolio delle molle, si sentono le molle che dicono: "NOOO!".

E poi cosa fai?

Vado sulla spiaggia di Porto Recanati, tutti hanno un'abbronzatura a MACCHIA DI LEOPARDI, io ci provo con una donna che mi dice "NO", con due che mi dico-

no “NO”, con mille che mi dicono “NO”, invece ce n’è una che mi dice: “DEVI PAGARE, BASTARDO!”, è l’impiegata della TELECOM, in vacanza a Porto Recanati...

È l’unica con cui riesci a parlare?

No, ce n’è un’altra che mi urla: “DEVI PAGARE LA METÀ MA SEI SEMPRE UN BASTARDO!”, è l’impiegata di TELE2, anche lei in vacanza a Porto Recanati...

Sei amareggiato…

Sì, resto in piedi e fisso l'orizzonte, dopo cinque minuti sono un po' rosso, dopo dieci minuti sono completamente rosso, dopo un quarto d'ora arriva in spiaggia Bertinotti e mi dà la tessera onoraria di Rifondazione comunista, perché sono rosso dalla testa ai piedi!

E poi dove vai?

A mangiare da Vito, trattoria familiare, infatti tratta tutti i clienti come se fossero parenti: prima si fa dare una mano in cucina, poi gli fa lavare i piatti e mentre si mangia dice a tutti: "MANGIA CHE È BUONO, MANGIA CHE È BUONO!". Io invece non riesco a gustare nulla, perché sono tutto ustionato, c'è anche un pensionato che mi guarda e poi mi grida: "GIOVENTÙ BRUCIATA…".

E allora cosa fai?

Capisco che l'estate se sei solo è anche peggio dell'inverno; torno in città, ma sono inquieto, non riesco a dormire, per cercare di dormire conto le pecore, ma ne mancano due e il pastore mi tiene sveglio tutta la notte a cercarle, poi finalmente mi addormento e quando mi risveglio ricordo solo tre parole…

Quali?

Sole, cuore, MANGIA CHE È BUONO!… tutto il resto è FLUORO.

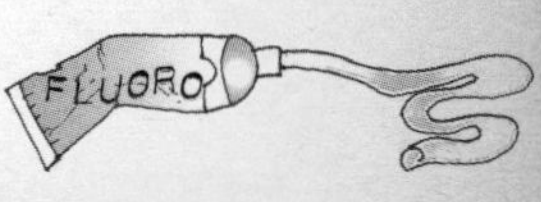

ADRIANA

VIAGGIO IN SARDEGNA

Leonardo, dove sei in questo momento?

Sono in un luogo grande, affollato e fluttuante... FLUTTUANTE... è un traghetto per la Sardegna... è in pessimo stato, infatti prima di salire, oltre ai documenti ci chiedono anche l'ultimo desiderio... ADRIANA! ADRIANA!

Chi è Adriana?

È la mia ex, sto andando in Sardegna da solo per dimenticare, perché lei si è messa col mio migliore amico: lui è viscido, è unto, è così unto che quando gli fanno una fotografia poi esce un ritratto a olio...

Com'è Adriana?

Ha i capelli neri, gli occhi neri, anche i denti un po' neri, perché li lava con un dentifricio senza FLUORO, una sottomarca, la PASTA DEL SOTTOTENENTE: la comprava in un discount estremo, dove per fare la spesa non solo bisogna prendere la roba dagli scatoloni, ma prima bisogna scaricare gli scatoloni dal camion...

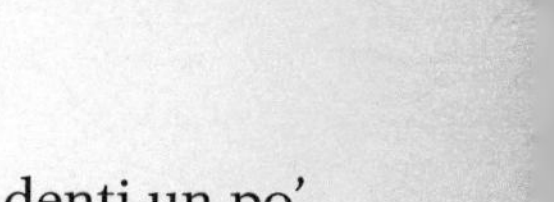

Ma tu sei sul traghetto per la Sardegna...

Sì, vado a mangiare, mi danno una pizza alta, altissima, GOMMOSA: è una pizza estensibile, che va bene per uno, ma tirandola va bene anche per otto, è una quattro stagioni che tirandola diventa una due anni e mezzo...

Com'è la pizza?

Alta, altissima, GOMMOSA... frutto di approfondite sintesi industriali, condita con olio extravergine paraflu, infatti alla fine per digerirla mi danno uno strano liquido giallo che non è limoncello, è additivo per motori diesel aromatizzato al limone, e poi è così alta che sopra, al posto del basilico, ha le STELLE ALPINE!

E poi cosa fai?

Butto il resto del cibo in acqua, perché il mare è PIATTO... Poi vado nel salone, c'è un gruppo che suona, si chiamano i TERMOSIFONI, perché ci sono un sacco di elementi... suonano il mambo, il meneito e il cha cha cha, ma siccome sono un po' raffreddati suonano anche il CHU CHU CHU... ma io non ballo...

Perché non balli?

Perché mi sento solo, allora per tirarmi su eccedo col vino: dopo dieci minuti sono già alticcio, dopo venti minuti sono completamente ubriaco, dopo mezz'ora mi telefonano dalla regione del Chianti per farmi cittadino onorario... Poi vado a dormire gridando parole IRRIPETIBILI!

Quali?

ERMENEUTICA! PALINGENESI! ADRIANA! ADRIANA! Quando mi risveglio sono in condizioni pietose: il viso è verde, FLUORESCENTE, i capelli sono rimasti, ma solo sul cuscino, le borse sotto gli occhi sono crollate più della NEW ECONOMY… Dottor Cicala! Dottor Cicala!

Chi è il dottor Cicala?

È il mio promotore finanziario, mi ha fatto investire tutto nella new economy, dopo tre mesi avevo perso il trenta per cento, ma lui mi diceva: "CREDICI, CREDICI", dopo sei mesi avevo perso il sessanta per cento, ma lui

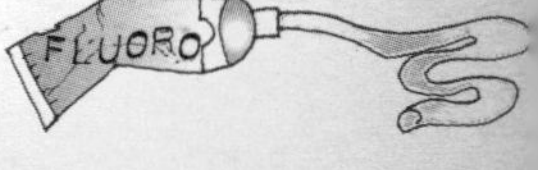

mi diceva: "CREDICI, CREDICI", dopo un anno avevo perso tutto, lui mi ha detto: "MMM, CI HAI CREDUTO!".

Ma il tuo viso com'è?!?
È verde, FLUORESCENTE, invece i denti sono gialli, tutti gialli, più che una bocca sembra la libreria di Agatha Christie... Vedendomi allo specchio mi metterei a piangere, ma per fortuna ho con me uno specchio magico...

Che specchio è?
È lo specchio SOS SALVALUMOREBEGHELLI, con delle braccine che quando mi vedono in quelle condizioni mi abbracciano...

Poi?
Poi lo specchio si appanna da solo e sulla sua superficie compare la scritta: "Torna più tardi che è meglio...".

Poi?
Poi fa comparire nella mia cabina Giucas Casella e Mara Venier che gridano, così l'aspetto fisico disastroso resta, ma mi rendo conto che non è la cosa peggiore che mi possa capitare... E quando arrivo in Sardegna ricordo solo tre parole...

Quali??
Sole, cuore, fluoro. Tutto il resto è nebbia.

VOGLIO UN MONDO!

Leonardo, dove sei in questo momento?

È una notte NEBBIOSA, molto NEBBIOSA e sono INQUIETO, molto INQUIETO... non riesco a dormire, per l'agitazione mi mangio tutte le unghie, ma le mie non bastano, allora suono al mio vicino di casa e comincio a mangiare anche le sue...

E tu sei...

INQUIETO, molto INQUIETO, per cercare di dormire conto le pecore, le conto tutte, ma senza risultato; in compenso le pecore dormono, russano e mi tengono sveglio, allora per rilassarmi sfoglio delle riviste...

E cosa vedi?

Pubblicità piene di donne irreali, con sorrisi prestampati di plastica; donne che non si lavano i denti col dentifricio al FLUORO, perché non hanno denti veri, hanno direttamente dei PEZZI DI FLUORO, denti così bianchi che più bianchi non si può, infatti quando sorridono non fanno CHEESE, fanno DASH.

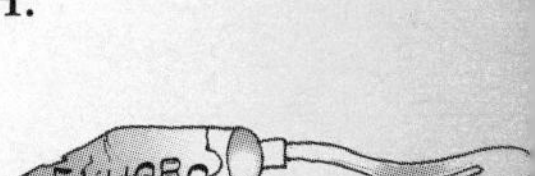

Come sono queste donne?

Procaci, sinuose, GOMMOSE, molto GOMMOSE, che quando starnutiscono fanno CAUCCIÙ, donne sintetiche piene di silicone che preferiscono fare l'amore col preservativo, perché c'è più affinità di materia... ADRIANA! ADRIANA!

Chi è Adriana?

È mia sorella, lei è tutta il contrario di loro, per lei la pelle a buccia d'arancia non è una minaccia, è già un passo avanti... Quando si è sposata era flaccida, tutta bianca, più che una sposa sembrava una enorme mozzarella, forse è per quello che è arrivata in carrozza... ma rivedendo lei rivedo tutta la mia famiglia...

E cosa vedi?

Rivedo mia madre, che passava tutto il giorno sui fornelli, nel minestrone ci metteva di tutto, più che un minestrone era un MINESTRANO, poi lo faceva cuocere per ore, BLUBLUP, giornate intere BLUBLUP, settimane BLUBLUP, il vapore del minestrone invadeva tutta la città, formava dei banchi di nebbia, oltre ai banchi formava anche una lavagna dove come per magia compariva la scritta: BLUBLUP! Quando mia madre andava in vacanza l'azienda del gas aveva un deficit di bilancio...

Era una brava cuoca?

Sì, per noi cucinava di tutto, invece lei per risparmiare mangiava solo uova, uova, solo uova... Sognava le uova anche di notte e quando si svegliava invece

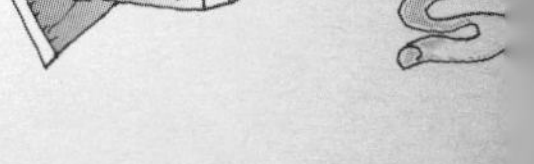

dell'alba vedeva l'albume, alla fine l'unica parola che diceva era COCCODÈ! Poi rivedo mio padre...

Che uomo era?

Era un uomo VIRTUOSO, probo, senza vizi, quando andava in chiesa era lui che confessava il prete. Invece quando mio padre andava a confessarsi il prete giocava a freccette. Mio padre non aveva nessun vizio, non fumava, non beveva, a casa nostra per decenni ha vissuto un'unica bottiglia di whisky che non è mai stata aperta... ormai quel whisky non era più invecchiato, era stanco di vivere, alla fine mio padre lo usava solo per reggere dei fogli sul muro, perché diceva che era un ottimo SCOTCH...

E tu che bambino eri?

INQUIETO, molto INQUIETO... solo davanti alla TV stavo meglio, imitavo i miei eroi; FONZIE: entrava in un bar, dava un pugno al jukebox e il jukebox cominciava a suonare... un giorno mi sono fatto coraggio, sono entrato in un bar, ho dato un pugno al jukebox, sto ancora pagando... Ma allora come ora sognavo di cambiare il mondo brandendo il mio vessillo...

Quale?

Uno spazzolino da denti con cui ricoprire di FLUORO il mondo!

E che mondo vuoi?

Voglio un mondo dove se vai in salumeria e chiedi un etto di prosciutto il salumiere ti dà un etto di prosciutto, non te ne dà tre, e poi ti dice: "NE HO MESSO UN PO' DI PIÙ, POSSO LASCIARE?".

E poi?

Voglio un mondo dove chi compra un disco delle LOLLIPOP trovi compresa nel prezzo una visita neurologica con la TAC.

E poi?

Voglio un mondo dove quello che si paga all'assicurazione non si chiami premio, perché tutte le volte che l'ho pagato non mi hanno mai dato nessun premio... dovrebbe chiamarsi GASTRITE!, perché ogni volta che vedo di quanto aumenta ho un attacco di GASTRITE!

Sì! Continua!

Voglio un mondo dove un promotore finanziario, quando ti propone un investimento che rende più del tre per cento, tenga una spilla con scritto: TI STO PRENDENDO PER IL CULO!

Vai! Liberati!

E voglio un mondo dove ci sia libertà e giustizia, se non ci può essere libertà che almeno ci sia giustizia, se non ci può essere nemmeno giustizia che almeno ci sia una donna con cui stare sotto le coperte per ore e ore e fare l'amore per minuti, e a cui dire solo tre parole...

Quali?

Sole, cuore, fluoro.

PER FARE CABARET...

Leonardo, dove sei in questo momento?

È una giornata NEBBIOSA, molto NEBBIOSA. Mi sono appena trasferito a Milano, c'è così tanta nebbia che i giapponesi fanno le foto senza togliere il copriobiettivo!

Da dove arrivi?

Arrivo dal Lago di Garda, dove ho lasciato i miei amici, i miei genitori e la mia ragazza... prima di partire i miei amici mi hanno detto: "TELEFONA TUTTI I GIORNI", i miei genitori mi hanno detto: "TELEFONA TUTTI I GIORNI", la mia ragazza mi ha detto: "TELEFONA TUTTI I GIORNI AI TUOI AMICI E AI TUOI GENITORI"... ADRIANA! ADRIANA!

Chi è Adriana?

Non lo so neanch'io, ma è un nome che mi assilla da mesi e mesi, ADRIANA, ADRIANA, fanculo ADRIANA!

Ma tu arrivi a Milano...

Sì, quel giorno sono tutto vestito di grigio, per fare pendant con la nebbia, però ho i denti bianchi, splen-

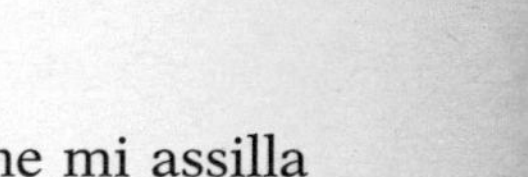

denti, perché li lavo con un dentifricio pieno di... camomilla... ma a base di FLUORO, così prima il tartaro si addormenta, e poi quando dorme arriva il fluoro e lo elimina, perché il fluoro è SCALTRO, molto SCALTRO!

Ma perché ti sei trasferito a Milano?

Sogno di diventare un comico, ma sono DUBBIOSO, molto dubbioso, finché una sera in un teatro vedo lo spettacolo di un comico SPIACEVOLE, molto SPIACEVOLE: è Claudio Bisio... allora penso "Se ce l'ha fatta lui, tutti ce la possono fare!", perciò comincio a cercare una casa, ma sono INQUIETO, molto INQUIETO...

Perché sei inquieto?

Perché tutte le case sono troppo care, cerco un trilocale, ma è troppo caro; poi cerco un bilocale, ma è ancora troppo caro; alla fine trovo un locale, ma il capostazione mi manda via, allora per un po' faccio l'agente immobiliare, così quando faccio vedere la casa a un cliente mi porto il pigiama e poi ci resto anche a dormire, finché alla fine una casa la trovo davvero...

Com'è questa casa?

È ANGUSTA, molto ANGUSTA, ha un angolo bagno, un angolo letto e un angolo cottura, più che una casa è un triangolo! Le pareti sono così sottili che quando il mio vicino di casa va in bagno sono io a tirare lo sciacquone... in più è in una brutta zona...

Perché?

È una zona degradata, piena di droga e di spacciatori, parlo con un vigile che mi dice: "Non uscire mai dopo le dieci!", io gli chiedo: "Perché?", lui mi risponde: "Perché a quell'ora la roba buona è già finita!", è uno spacciatore anche lui, ma io sono a Milano con un fine ben preciso!

Vuoi fare il comico...

Sì, ma tutti mi dicono di no, finché finalmente riesco a fare uno spettacolo al ristorante ZIO VITO, nessuno applaude finché qualcuno, aprendo una bottiglia di spumante, mi tira il tappo nell'occhio, allora tutti ridono, Vito è contento, mi offre anche la cena e poi mi dice: "MANGIA CHE È BUONO, MANGIA CHE È BUONO!". Perciò comincio a farmi tirare tappi tutte le sere, in un anno guadagno un po' di soldi, però perdo molte diottrie! Finché una sera arrivo allo Zelig...

E cosa succede?

Incontro tanti comici, alcuni sono senza serate, altri senza fidanzata, altri ancora senza capelli, ma tutti fanno un lavoro che alla fine li obbliga ad andare in analisi, in ipnosi, anche Claudio Bisio: Claudio, dove sei in questo momento?

Sono in un posto BRIOSO, molto BRIOSO, è il tendone di Zelig Circus, *cerco di baciare Michelle Hunziker ma lei mi dice NO, sempre NO, allora facciamo direttamente l'amore, ma mentre lo facciamo invece di chiamarla Michelle la chiamo ADRIANA! ADRIANA!*

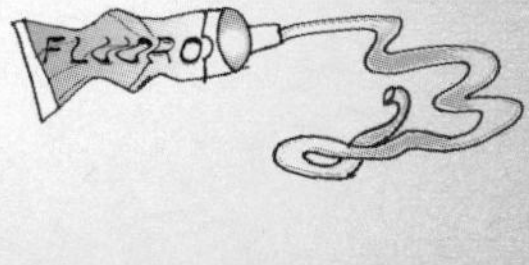

E poi cosa fai?

Torno a casa, mi spoglio, mi pettino e poi mi lavo i denti con un dentifricio al FLUORO, ma sono INQUIETO, molto INQUIETO: non riesco a dormire, per cercare di dormire conto le pecore, ma le conto ad alta voce e sveglio il pastore che si arrabbia e mi riempie di botte, allora svengo e quando mi risveglio ricordo solo tre parole...

Quali?

Sole, cuore, fluoro. Tutto il resto è nebbia.

GIUSTO
ZELIG
CIRCUS !

ZELIG CIRCUS

Leonardo, dove sei in questo momento?

È una giornata NEBBIOSA e sono in un posto BRIOSO, molto BRIOSO... è il tendone di *Zelig Circus*... intorno a me tutti ripetono, studiano, provano... Anche Claudio Bisio, che prima prova con i comici e poi ci prova con la Hunziker...

E lei cosa fa?

Lei dice: "NO, NO", lui dice: "DAI, DAI", poi spariscono per un po', e nessuno sa dove siano, anche se tutti hanno un'idea...

Non precisiamo...

Poi tornano, Michelle Hunziker mi colpisce da lontano per i denti, sono bianchi, bianchissimi, splendenti, perché li lava tutti i giorni con un dentifricio al FLUORO svizzero, che non solo elimina il tartaro, ma lo fa anche a orari ASSOLUTAMENTE REGOLARI!

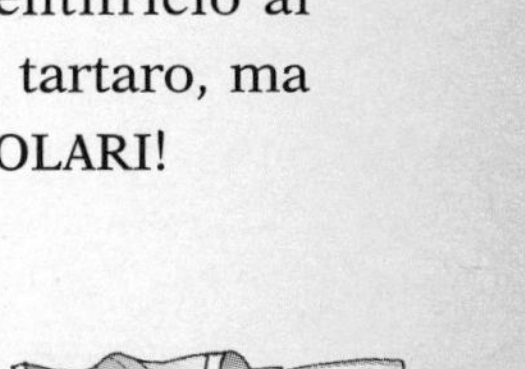

E poi cosa succede?

Lei sorride come il sole, il suo sorriso si riflette come una lente sulla testa di Claudio Bisio che a sua volta si riflette sul tendone del circo che rischia di prendere fuoco! ATTENTATO! ATTENTATO! Si tratta di ATTENTATO!

Cos'altro vedi intorno a te?

Vedo tutti i comici che provano: tanananana, tananana, tanana tanana tanananana... fu fu!

Parola d'ordine: lontano dagli occhi...

Le caviglie! Come si chiama il fiume che corre parallelo all'EUFRATE? L'EUSUORA! Le so tutte, sì, sì, ma vieni! FU FU... UTTOBBENE UTTOBENE UTTOBENE...

Sta vedendo il nostro parcheggiatore...

Sì, vedo lui che fa decine, centinaia, migliaia di cruciverba... 10 orizzontale: la capitale del GHANA: AWANA GHANA! Potrei andare avanti per ore, ma il momento è catartico...

Vede Oreglio, il nostro poeta...

TU sei la mia vita, TU sei il mio amore, TU sei tutto per me... però almeno rispondi al telefono! Adriana! Adriana!

Chi è Adriana?

Adriana è l'amica di Tatiana, Tatiana è l'amica mia, quella grassa, è talmente grassa che non può andare in vacanza in un villaggio, le ci vuole almeno un paesotto, come quello in cui abitavo da piccolo... VOJO TORNA' BAMBINO...

Perché vuoi tornare bambino?

Perché da grande si hanno un sacco di problemi, quando sei giovane sei spensierato: BELLA CAPSULA, BELLA NUCLEO, ci sto dentro come una sogliola nella fessura del bancomat, invece poi da grande diventi stanco, stanco, stanco...

Ma torniamo a Zelig*...*

Sì, ci sono le prove, ci siamo tutti noi, ma ci sono pochissime donne, ce n'è una che dice: "IO VOGLIO ESSERE RISPETTATA, NON SO SE SONO STATA SPIEGATA"; qualcuno le dice che l'uomo non è Tarzan, ma la donna CITA! Giusto?

Giusto!

Poco alla volta si avvicina l'ora dello spettacolo, sono le sette, io voglio fare lo sborone, dico: "Mi preparo io per primo! Mi faccio la barba io per primo!", ma qualcuno mi fa uno scherzo, mette nel rasoio elettrico il motore della Ferrari 399, così non riesco a farmi la barba, perché ogni volta che sto per rasare un pelo invece di rasarlo lo supero!

E poi?

Poi qualcun altro ha messo nella mia macchina il motore del rasoio elettrico, così adesso la mia macchi-

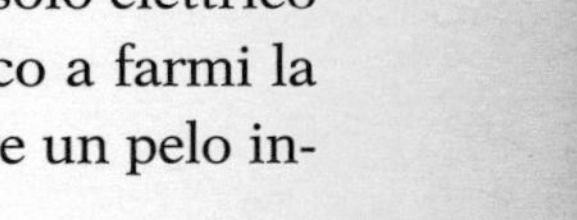

na va più veloce... Ma ormai stiamo per cominciare, intorno a me vedo una panchina, un impermeabile bianco, delle tutine, tanti oggetti di scena, arrivano gli autori e ci dicono: "Adesso cominciamo: FATTI, NON PUGNETTE!", poi mi portano sul palco e quando comincia lo spettacolo ricordo solo tre parole...

Quali?

Sole, cuore, fluoro. Tutto il resto è *Zelig*.

Parte terza

30 BATTUTE DA SMASCELLARSI

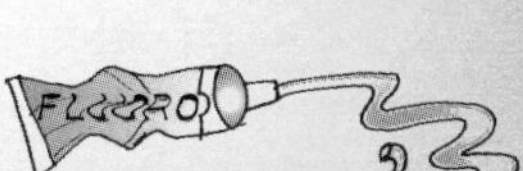

Tutto è relativo

Questa battuta da smascellarsi si svolge in uno studio odontoiatrico, luogo asettico, ma spesso di sofferenza, anche economica.

"Per due denti, cosa vuole che siano?" disse il dentista.

"Tutto, per me" rispose il tricheco.*

* Qui la comicità sta nel fatto che il tricheco, di solito, non va dal dentista.

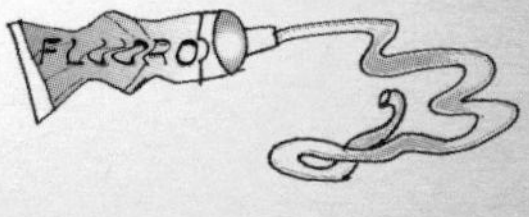

Dal medico

Protagonisti di questa battuta da smascellarsi sono un signore che è stato dal medico e alcuni suoi familiari. Il signore che è stato dal medico non soffre di gravi patologie, quindi la battuta può essere proposta anche agli spiriti più sensibili.

Familiari: "Il medico non ti ha scritto la ricetta completa!".

Signore che è stato dal medico: "Perché?".

Familiari: "Perché sulla ricetta c'è scritto: 'Prendere della vitamina E...'".

Il commercio ai tempi del Medioevo

Protagonisti di questa battuta da smascellarsi sono un cavaliere e un artigiano ai tempi del Medioevo, periodo storico fatto di luci e ombre. Luci quando era giorno, ombre quando era notte.

Cavaliere: "Vorrei uno scudo...".
Artigiano: "Ecco!".
Cavaliere: "Quant'è?".
Artigiano: "Due scudi!".*

* Lo "scudo" era una moneta in uso presso alcuni ducati. D'altra parte il "ducato" non era una moneta in uso presso alcuni scudi.

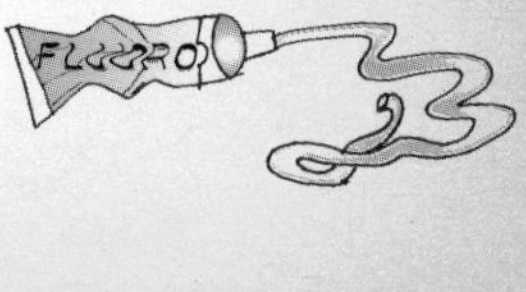

Vita di Giuseppina Beauharnais

Questa battuta da smascellarsi ha una sua dignità storica e sentimentale. Protagoniste sono Giuseppina e la madre durante un accorato colloquio sentimentale.

Giuseppina: "Mamma, mi sono innamorata di Napoleone!".

Mamma: "Ah... e ti piace tutto di lui?".

Giuseppina: "Mah... Bonaparte".

Tipi strani 1

Questa battuta da smascellarsi è ambientata nel rutilante mondo della Formula 1 e vede come protagonisti il noto pilota M. Schumacher che si reca in un albergo alla ricerca di una camera e il direttore dell'albergo medesimo.

M. Schumacher: "Vorrei una camera!".
Direttore: "Doppia?".
M. Schumacher: "Mah... spesso".*

* Qui la comicità sta nel fatto che Schumacher non parla italiano.

Al maneggio

Protagonisti di questa battuta da smascellarsi sono un cavallerizzo inesperto e uno stalliere, in un qualsiasi periodo storico, però dopo la comparsa sulla terra di uomini e cavalli.

Cavallerizzo: "Vorrei un cavallo!".
Stalliere: "Da montare?".
Cavallerizzo: "No, no. Già pronto".

Tipi strani 2

Protagonisti di questa battuta da smascellarsi sono l'organo sessuale maschile e quello femminile. A causa delle tematiche proposte la battuta è adatta a un pubblico adulto.

Organo maschile: "Voglio fare questo e quello e quell'altro ancora!".

Organo femminile: "No, no, no, no, proibito! Magari, quando sarai grande!".*

* Se recitata, la battuta va eseguita con ammiccamento e grandi sottintesi nella parte finale.

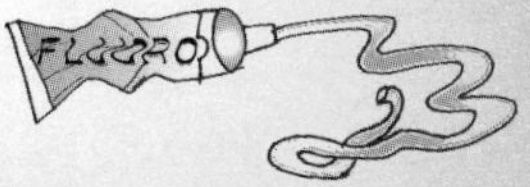

Vangeli apocrifi 1

Questa battuta da smascellarsi è ambientata nell'ambito della Sacra Famiglia e vede come protagonisti Maria, Giuseppe e lo Spirito Santo.

Maria: "Sono incinta!".
Giuseppe: "Eh?!?".
Spirito Santo: "Ghe ghe ghe" (*sorriso sardonico*).*

* Se recitata, questa battuta va eseguita: per Maria, con grande imbarazzo; per Giuseppe, con stupore e/o grande amarezza; per lo Spirito Santo, con soddisfatto ammiccamento.

Tipi strani 3

Questa battuta da smascellarsi è essenzialmente la gustosa descrizione di una scenetta di sesso domestico.

Si spogliavano davanti alla lavatrice e facevano l'amore azionando la centrifuga: non era molto eccitante, però avevano le mutande sempre pulite.

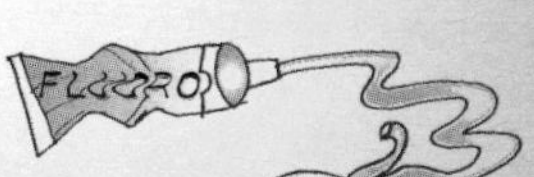

Dal fruttivendolo

Protagonisti di questa battuta da smascellarsi sono un fruttivendolo e un suo cliente. La grande distribuzione rende ormai sempre più raro un rapporto umano fra negoziante e cliente; la scenetta guarda quindi con nostalgia ad alcuni anni fa, quando il calore delle corde vocali non era ancora stato sostituito dalla freddezza della bilancia elettronica.*

Cliente: "Vorrei un chilo di limoni!".
Fruttivendolo: "Ecco...".
Cliente: "Quant'è?".
Fruttivendolo: "Un chilo".

* Momento nostalgico e passatista.

Se vuoi dimagrire chiedimi come

Protagoniste di questa battuta da smascellarsi sono due amiche che si incontrano casualmente.

Prima amica: "Ah, come sei dimagrita tra ieri e oggi! Cos'hai fatto?".

Seconda amica: "Ho fatto un figlio".*

* Qui la comicità sta nel fatto che se due donne sono amiche una sa se l'altra è incinta.

A scuola

Quando posso, cerco di creare delle battute da smascellarsi che abbiano qualcosa di nuovo; questa, secondo me, ne ha tutte le caratteristiche, è ambientata nel mondo della scuola e vede come protagonisti la maestra e l'alunno, Pierone.*

Maestra: "Pierone, dimmi il futuro di IO TORNO".
Pierone: "Io torno un'altra volta".

* L'innovazione della battuta sta nel fatto che al posto di usare Pierino ho usato Pierone, personaggio nuovo e sconosciuto nell'ambito della comicità.

Inesperienza sessuale

Questa battuta da smascellarsi vede come protagonisti un uomo e una donna; è la descrizione di un rapporto completo ed è frutto di inesperienza nell'atto amoroso.

Donna: "Dammi il tuo seme!".
Uomo: "Cuori, fiori, quadri o picche?".*

* Qui la comicità sta nel fatto che di solito la prima volta che si fa l'amore si è troppo emozionati per giocare anche a carte.

Dalla mia camera d'albergo

Questa battuta da smascellarsi è particolarmente apprezzabile, poiché può essere recitata sia come battuta, sia come poesia, dando così all'attore la possibilità di mostrare una preparazione poliedrica e polivalente. Nacque in occasione di un mio solitario soggiorno all'ultimo piano di un amaro e bollente hotel di Chiavari, luogo in cui mi trovavo durante la stagione estiva per allietare gli spensierati vacanzieri.

Dalla mia camera d'albergo
vedo i tetti delle case sul mare
e una ragazza bionda
che sta facendo l'amore.

Dalla mia camera d'albergo
vedo i tetti delle case sul mare
e una ragazza bruna
che si spoglia senza pudore.

Dalla mia camera d'albergo
vedo i tetti delle case sul mare
e una ragazza rossa
che tutta nuda si sta facendo toccare.

Ecco perché
da dieci anni
vado in vacanza
nello stesso albergo.

Amici animali

Questa battuta da smascellarsi è adatta anche al pubblico più giovane, poiché non contiene elementi pruriginosi, come spesso deprecabilmente accade nella comicità.

Sai qual è la migliore amica dell'Ape Maya?
È l'Ape Azteca.

Perché non passa?

Avendo or ora proposto una battuta che può essere recitata anche come poesia, concedo volentieri il bis, avendo in passato studiato poesia con la scuola Radio Elettra.

Perché non passa mese
che io non pensi a te?

Perché non passa settimana
che io non pensi a te?

Perché non passa giorno
che io non pensi a te?

È forse perché
sono un ragazzo... MINUTO?*

* In caso di recitazione, la poesia è adatta per essere proposta da un attore magro, se si desidera la credibilità; da uno particolarmente corpulento, se si desidera un ulteriore effetto comico.

Al ristopizza

Questa battuta da smascellarsi è ambientata in un ristopizza all'aperto ed è dedicata anche al mondo animale. Protagonisti sono un avventore del ristopizza stesso e il cameriere.

Avventore: "Cameriere, perché ci sono dei bruchi nel mio piatto?".

Cameriere: "Perché lei ha chiesto delle farfalle molto al dente...".

Vangeli apocrifi 2

Questa battuta da smascellarsi rientra nell'apprezzato filone "Vangeli apocrifi", che spesso mi ha dato soddisfazioni e complimenti anche da parte di esponenti del clero casualmente presenti fra il pubblico.

Sai cosa disse Gesù alla Maddalena? Disse: "Bella, la Sardegna!".*

* Qui la comicità sta nel fatto che Gesù non è mai stato in Sardegna.

Il mondo dei pomodori

Questa battuta da smascellarsi è ambientata nel mondo dei pomodori e presume (licenza poetica) che i pomodori possano parlare, o almeno comunicare fra di loro. Protagonisti sono un pomodoro triste e uno allegro.

Pomodoro allegro (rivolgendosi al pomodoro triste): "Pomodoro triste, perché sei triste?".

Pomodoro triste (rivolgendosi al pomodoro allegro): "Perché oggi la mamma è... passata".

Un bravo fidanzato

Protagonisti di questa battuta da smascellarsi sono una brava figliola che presenta il fidanzato al padre, pratica ormai quasi in disuso, ma sempre segno di grande rispetto nei confronti dell'istituzione paterna.

Figliola: "Papà, ti presento il mio fidanzato: Mario".
Padre: "Mario... cosa fai nella vita?".
Fidanzato Mario: "Sono laureato in architettura".
Padre: "E lavori?".
Fidanzato Mario: "No, ma ho dei... progetti".*

* Questa battuta è particolarmente apprezzabile perché gli attori sono tre e non, come avviene di regola, solo due; la struttura drammaturgica è quindi particolarmente complessa.

Sul campo di calcio

Questa battuta da smascellarsi, dedicata allo sport più popolare d'Italia, vede come protagonisti un arbitro svampito e un calciatore. Essendo il calcio una vera e propria passione per milioni di persone, la battuta riscuote sempre un certo successo, anche se non è forse una delle mie più riuscite. Così faccio autocritica, che è sempre bello e lodevole.

Calciatore: "Arbitro! Fallo!".
Arbitro: "Che cosa?".

Il mondo dei pellerossa

Questa battuta da smascellarsi è ambientata nel selvaggio Far West: una tribù di pellerossa si trova in guerra con i “visi pallidi”, perciò necessita di armi nuove e precise. Protagonisti sono il guerriero pellerossa e l’artigiano pellerossa.*

Guerriero pellerossa: “Allora, hai finito di preparare il mio arco?”.

Artigiano pellerossa: “Non ancora, ma presto lo finirò!”.

Guerriero pellerossa: “Quando?”.

Artigiano pellerossa: “Eh, nell’arco della giornata”.

* Per motivi di più semplice comprensione la battuta è stata scritta direttamente in italiano e non, come sarebbe stato più corretto, nella lingua originale del popolo dei nativi americani.

Il mondo dei gladiatori ai tempi dell'antica Roma

Avendo appena intrapreso un filone storico (Far West), intendo qui proseguirlo con una battuta da smascellarsi dedicata all'italico passato. Protagonisti della battuta da smascellarsi sono un gladiatore appena giunto a Roma e il guardiano del Colosseo.

Guardiano del Colosseo: "Aho, aho,* oggi te batterai contro a un leone!".

Gladiatore appena giunto a Roma: "Bah, non credo nell'astrologia".

* Questa battuta, se ben recitata, dà modo di mostrare le proprie capacità attoriali, poiché permette di sfoggiare anche una padronanza del dialetto romanesco (aho, aho).

Tipi strani 4

La seguente battuta da smascellarsi è dedicata al giorno che precede l'esame per la patente, momento sempre foriero di preoccupazione e tensione. Protagonisti della battuta sono l'esaminando e un passante.

Il giorno prima dell'esame l'esaminando va avanti e indietro con la macchina per la stessa strada più volte, suscitando così la curiosità di un passante.

Passante: "Cosa fai?".

Esaminando: "Ripasso".

Tipi strani 5

Questa battuta da smascellarsi si svolge in un negozio di ferramenta ben fornito di viti, tasselli e tutto il necessario per gli amanti del fai da te; protagonisti sono un fachiro e il commesso.

Fachiro: "Vorrei un chilo di chiodi".
Commesso: "Eccoli... glieli incarto?".
Fachiro: "No, no... li mangio subito".*

* Questa battuta tende a riportare in auge una figura ormai desueta, quella del fachiro, che è invece fonte di stupore e grande spasso per ogni tipo di pubblico.

Litigio fra arance

Sono così fiero di questa battuta che non la commento neanche.

Due arance litigano e una dice all'altra: "Ti spicchio...".

Tipi strani 6

Questa battuta da smascellarsi si occupa di un passatempo per bambini ormai quasi in disuso, essendo stato soppiantato da forme di divertimento più moderne e tecnologiche; tende perciò a recuperare anche storicamente quello che per molti di noi è stato un bel momento di spensieratezza. Protagonisti sono un bambino qualsiasi e un passante qualsiasi, in un posto qualsiasi.*

Un uomo per strada vede un bambino bendato che sta camminando da solo, quindi si avvicina a lui e gli chiede: "Bambino, perché stai camminando da solo per strada, così bendato?", e il bambino: "Eh, sto giocando da solo a nascondino!". "Ah, e come ti trovi?"

* La battuta può essere recitata da un attore qualsiasi.

Di questa battuta do qui una seconda versione:

Un uomo per strada vede un bambino che sta giocando da solo a pallone dicendo: "Adesso sono un terzino, adesso un mediano, adesso un fluidificante di destra e di sinistra (par condicio)", quindi l'uomo si avvicina a lui e gli chiede: "Bambino, cosa stai facendo?", e il bambino: "Sto giocando a pallone da solo!". "Ah, e come te la passi?"

Il mondo dei gelatai

Avendo appena parlato di bambini, mi sembra giusto e corretto proseguire con una figura che è fra le più amate dai bambini: quella del gelataio, uomo che però ha una sua vita anche al di fuori del pistacchio. Protagonisti della battuta da smascellarsi sono un gelataio e un cliente.

Un cliente: "Gelataio, che gusti ha?".

Un gelataio: "Mah, mi piace andare al cinema, al mare, in vacanza con gli amici...".

Tipi strani 7

In questa battuta da smascellarsi i protagonisti sono due persone che si parlano per la prima volta; li chiameremo "A" e "K", perché se li avessimo chiamati "A" e "B", essendo più vicini, magari si sarebbero conosciuti anche prima. Sono orgoglioso di queste elucubrazioni che denotano un'intelligenza di fondo.

A: "Come ti chiami?".
K: "VVVVincenzo".
A: "Quanti anni hai?".
K: "VVVVenti".
A: "E dove abiti?".
K: "A Trapani".*

* Recitando la battuta, l'attore dovrà marcare molto le VVVV di "VVVVincenzo" e "VVVVenti", simulando il rumore di un trapano in azione, in modo da ottenere alla fine risate scroscianti e pressanti richieste di bis.

Dal dentista

Avendo iniziato questa breve rassegna di battute da smascellarsi con una dedicata al mondo odontoiatrico, vorrei qui terminarla con un'altra rivolta allo stesso argomento, per ottenere così un'unitarietà di fondo sempre apprezzabile e degna di parecchi complimenti, anche sperticati. Protagonisti del seguente e conclusivo motto di spirito sono un dentista e un suo paziente.

Paziente: "Dentista, musica!".
Dentista: "Perché?".
Paziente: "Ho un dente che balla...".

IN CONCLUSIONE...

Per concludere e accomiatarmi dai miei lettori ho pensato a questo punto di inserire alcuni consigli per combattere l'insonnia, consigli che traggo direttamente da un'enciclopedia medica del secolo scorso. Questo per rendere comunque utile il libro qualora non vi fosse piaciuto (offrendo così un servizio di pubblica utilità) e qualora il libro stesso non sia servito a favorirvi il sonno.

Insonnia

Carattere: i disturbi del sonno sono aumentati negli ultimi anni, e combatterli è di grande importanza per il medico. L'insonnia può essere sintomo di molte forme morbose, perciò necessita di un'accurata indagine.

Causa: malattie mentali e psichiche come la schizofrenia, la depressione, l'arteriosclerosi cerebrale; inoltre, l'insonnia è uno dei sintomi più frequenti che si manifestano in seguito a crisi psichiche. Facilitano il suo

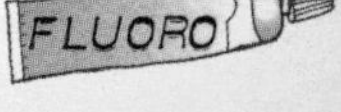

insorgere le abitudini di vita che turbano il ritmo naturale fra il sonno e la veglia, come l'insaziabile e dannosa sete di divertimenti e di novità di molte persone che partecipano continuamente a manifestazioni nelle tarde ore serali o notturne, oppure la tendenza a lavorare fino a notte inoltrata per una smisurata ed eccessiva ambizione professionale, o il continuo cambio di orario dei turni di lavoro. Un'altra causa di insonnia è il rumore dovuto all'intenso traffico automobilistico e alle abitazioni prive di un adeguato isolamento acustico.

Terapia: dipende innanzitutto dalla causa che ha provocato il disturbo, e consiste nella cura della malattia primaria (ad esempio, una depressione), o nel tentativo di portare l'ammalato a un cambiamento delle sue distorte e insane abitudini di vita. Il ricorso ai sonniferi, apparentemente molto comodo, deve invece essere lasciato come ultima risorsa e dovrebbe in ogni caso avvenire solo per breve tempo e sotto strettissimo controllo medico. Possono facilitare il sonno rimedi molto semplici: bagni tiepidi o impacchi ai polpacci prima di coricarsi, la lettura di libri leggeri e frivoli, l'autoerotismo. Sono efficaci anche le tisane che contengono blandi sedativi come valeriana o luppolo.

Tutto questo per vincere l'insonnia, così, se anche non è piaciuto il libro, però almeno è utile il consiglio. Personalmente, quando ho problemi di insonnia prendo dei lassativi, così non dormo lo stesso, però almeno ho qualcosa da fare. Buonanotte

INDICE

Stampa Grafica Sipiel
Milano, novembre 2003